‘노는 아이들’의 놀이와 문화

'노는 아이들'의 놀이와 문화

Play and Culture for Children

오경희 저

동문사

Preface

머리말

발달시기마다 그 시기에 겪는 주요 경험들이 있다. 그 경험들이 동질적일 수도 있고 때로는 이질적일 수 있다. 이질적인 경험은 평균적인 경험으로부터 벗어나 있다는 이유만으로 격리 조치되거나 방어의 대상이 되기도 하고, 심지어 공격의 대상이 되기도 한다. 이는 발달론적 차원을 넘어 사회적 차원에 이르는 것으로, 초래되지 않은 위험에 대한 경계와 소외의 발현으로 보인다.

초·중학교전이 과정에서 소위 '노는 아이들'로 분류되기 시작하는 아이들이 겪어야 하는 개인의 발달과 적응의 문제 역시 이러한 맥락에서 이해될 수 있다. 예를 들면, 중학교전이는 청소년기에 있는 아이들의 개인적 특징과 사회제도인 학제와 맞물려 있는 통과의례적 성격을 지닌 종합적 문제이다. 발달 단계론적으로는 초기 청소년기에 해당되는 이 시기의 아이들은 한편으로는 성인의 통제로부터 독자성을 추구하며, 다른 한편으로는 또래들과의 일치와 동조에 대한 열망을 가진다. 이때 우정집단은 연대의식을 기초로 한 또래집단으로, 관계망을 통해 그들만의 리그를 형성한다. 특히 중학교전이는 생의 이벤트적 의미를 가지는 것으로, 기존의 우정집단을 해체하고 새로운 우정집단을 형성하는 데 있어 강력한 외적 영향력을 행사한다. 그로 인해 아이들은 잠시 혼란과 불안을 겪지만 이러한 환경적 요인으로 인해 오히려 개인적 열망(또는 이 시기의 아이들의 열망)과 부딪치며 맞추어 나가는 과정에서 보다 단단한 우정집단을 형성하는 초석이 되기도 한다.

그러나 믿음의 체계가 어디에 바탕을 두고 있는지에 따라 우정집단의 성격도 달라진다. 만약 공격적인 행동이나 약물남용, 비행 및 폭력 등을 바탕으로 형성된 또래집단이라면, 이들 우정집단은 반사회적 성격을 지닌 또래문화를 형성하게 될 것이다. 여전히 심심찮게 매스컴을 통해 전달되는 아이들 간의 잔인한 폭력 행위는 주로 이러한 또래문화가 반영된 것으로 볼 수 있다.

이에 최근에는 초등학생 또는 그 이전의 학령인 유아기에 이르기까지 폭력적인 또래집단이라고 할 수 있는 우정집단들에 대한 관심이 점차 고조되고 있다. 그러나 학교폭력 예방을 위한 대안을 찾기 위한 다양한 노력들이 지속되고 있는 현재의 상황을 고려한다면 학교폭력의 저연령화 현상은 좀처럼 이해하기 힘든 사실이다. 이는 기본적으로 문제 또는 해결을 위한 실마리를 찾기 위해 현재의 상황에만 집중하기 때문이라고 볼 수 있다. 아이들의 학교폭력이 가시적으로 드러난 경우, 이미 그 이전 단계(또는 연령대)에서부터 폭력성이 출현될 조짐이 내재되어 있었다고 볼 수 있다. 이는 학교폭력의 저연령화 현상에 대한 접근이 그 이전의 연령(또는 단계)에서 시작되어야 함을 의미한다. 예를 들어, 중학생폭력이 높다는 것은 그 이전의 연령대인 초등학교 단계에서부터 폭력성이 내재되어 있다가 중학교로 오면서 폭력성이 발현된 것이라고 볼 수 있다. 마찬가지로 초등학교 고학년의 폭력이 높다는 것은 초등학교 초·중학년에 내재되어 있던 폭력성이 고학년에 와서 발현된 것일 가능성이 높으며, 초등학교 초·중학년에서 폭력성이 내재되어 있는 것은 유아 단계에서의 폭력성을 의심하게 만든다. 따라서 학교폭력 예방 및 대처를 위한 방안을 찾기 위해서는 지금 발현된 시기보다는 그 이전의 단계(또는 연령)와 발현을 촉발시키는 전이의 지점에 대한 파악이 필요하다. '언제', '왜', '어떻게' 폭력성이 내재되기 시작해서 발현하게 되었는지에 대한 이해는 어떤 해결책을 구안해 내는 것보다 선행되어야 할 과제이기 때문이다.

이러한 맥락에서 착수된 저자의 연구물인 초등학교에서 중학교로의 전이과정에서의 또래문화의 변화, 특히 '노는 아이들'을 중심으로 이루어진 논문들은 '노는 아이들'의 폭력문화 뿐만 아니라, 아이들의 문화가 어떻게 형성, 유지, 변화되는지를 파악하는 데 도움을 준다. 이 책을 출판하게 된 이유도 여기에 있다. 더불어 학교로부터 탈주한 '노는 아이들'을 학교로 다시 소환할 수 있는 한 통로를 찾았기 때문이다. 여기에는 손우정 교수, 한대동 교수, 사토마나부 교수가 제안하고 있는 (저자 역시 이에 강력한 지지자이지만 아직은 햇병아리에 불과한 연구자) '배움의 학교공동체, 배움과 돌봄의 학교공동체'에 대한 믿음이 한몫을 했다. 이에 그와 관련된 내용을 재구성하여 소개하는 것으로 현재 잘 놀지 못하는, 그래서 잘못 놀고 있는 '노는 아이들'을 '잘 노는 아이들'이 될 수 있도록 아이들의 또래문화에 대한 이해와 지속적인 관심을 독려하고자 하였다.

이 책에서는 '중학교로의 전이 시점'을 학교폭력 예방의 중요한 전환적 시기로 잡고, 이 시기에 또래집단에 어떠한 변화가 일어나며, 폭력과 관련된 다양한 징조들이 어떻게 발현되는지를 이해하고자 했다. 폭력 발현의 시점을 예측할 수만 있다면, 이에 대한 예방 및 대책을 마련하는 것은 그다지 어렵지 않다고 보았기 때문이다. 특히 초등학교 고학년 아이들에게 이 시기는 중학교라는 보다 큰 사회로의 진입을 목전에 두고 있고, 발달론적으로는 청소년기에 해당된다는 점에서 청소년기의 특성과 학교전이로 인한 환경 변화에 따른 특성이 혼재하는 '이중의 전환적 시기'라고 할 수 있다. 다시 말해 개인적으로나 환경적으로나 새로운 적응이라는 과제를 안게 되는 특별한 도전적 경험의 시기인 것이다. 이러한 도전은 학교부적응 특성을 보이는 아이들의 경우에는 더 많은 혼란을 감당해야 하는 과제가 될 수 있다. 따라서 이 시기에 학교생활 어떤 것에도 즐거움을 찾지 못한다면, 아이들은 무조건적으로 학교생활을 수용하지도, 학교와의 갈등도 원하지 않는 특성으로 인해 학교생활과 점점 멀어지게 될 가능성이 크다.

이 책에서 소개된 '노는 아이들' 역시 그러한 아이들이다. 이들은 현재 자신들이 무엇을 '하고 싶은지 또는 하기 싫은지'를 묻거나 답을 찾으려 하지 않는다. 단지 '무엇을 하는 것' 또는 '무엇이라도 하는 것'이 필요해서 가장 쉽게 선택하고 만들 수 있는 것에 집중할 뿐이다. 이때 아이들의 놀이는 놀이하는 인간, 즉 호모 루덴스(Homo Ludens)적인 것인지, 아니면 놀이에 의지하는 인간인지 알 수 없다. 그러나 어떤 놀이를 선택하고 창조한다는 점에서는 동일하다. 단지 어떤 선택과 창조인가가 문제일 뿐이다. 아이들이 '무엇을 하고 놀 것인지, 어떻게 놀 것인지'는 온전히 아이들의 몫이다. 그런데 여기서 우리가 간과하고 있는 것은 바로 아이들이 '왜' 놀이에 대해 몰입하는지를 묻지 않는다는 점이다. 물론 성인의 시각이나 입장에서 이들의 또래문화와 놀이문화를 온전히 이해하는 것은 불가능하다. 설사 이해를 했다고 하더라고 관여할 수 없는 불가침의 영역이다. 왜냐하면 놀이는 그 자체가 자유롭고 놀이자와의 교감만을 허락하기 때문이다.

이로 인해 '노는 아이들'의 또래문화가 전유하고 있는 놀이문화가 놀이의 본성인 모두에게 즐거움의 놀이인지, 아니면 특정한 아이들에게만 즐거운 것이고 나머지 아이들에게는 괴로움의 굴레인지를 밝히기 힘들다. 그럼에도 불구하고 만약 이 놀이문화가 잠재된 폭력성을 발현시키는 발현지가 되고 있다면, 우리는 힘들더라도 폭력성의 근원을 찾기 위해 아이들의 문화를 들여다 봐야 할 책무가 있다. 이러한 맥락에서 이 책에서 소개되고 있는 일명 '노는 아이들'로 분류된 또래집단의

'노는 문화'에 대한 이해는 실질적인 또래문화의 폭력성을 감지하는 데 도움을 줄 것으로 여긴다. 왜냐하면 '노는 아이들'에서 '노는'이라는 관형어는 학교문화와는 다른 문화라는 이미지와 함께 강한 부정적인 시각에서 평가되고 있기 때문이다. 예를 들면, 아이들 간의 소외와 배제가 만연한 강한 폭력성을 지닌 또래문화, 학교생활(특히 수업)을 등한시하면서 학생으로서 금기시되는 부적합한 놀이를 일삼는 또래문화를 형성하는 아이들 등이다.

이 책은 이러한 부정적인 평가로 인해 현재 격리되고 있거나 되어지고 있는 아이들의 또래문화를 그들의 입장에서 이해하는 것으로, 궁극적으로 학교로의 귀환을 서두르고자 하는 데 도움이 되고자 한다. 마치 유행처럼 금세 관심을 가졌다가 다음 순간 해결된 것처럼 무관심해지는 대상이 아니라, 늘 우리 곁에서 함께 편안하게 숨 쉬고자 열망하는 '우리들의 아이들'의 목소리에 '함께' 민감하게 귀 기울이기를 게을리 하지 않기 위한 우리들의 약속을 위한 책이다.

이 책의 내용 구성은 초등학교에서 중학교로 전이하는 시기의 아이들의 또래문화, 학교전이, 학교폭력이 어떠한 관련성을 가지고 있는지를 연구한 국내논문 6편(남아들의 또래문화 3편, 여아들의 또래문화 3편)을 크게 2부로 나누어 편집하였으며, 제3부에서는 '놀이, 배움, 학교공동체'와 관련된 논문과 자료들을 재구성하는 것으로 이 세 요소 간의 교육적 연계와 학교폭력 예방 문제를 예방하기 위한 대안을 논의하는 장을 마련하였다.

제1부는 남아들의 또래문화와 관련된 논문 3편을 재구성한 것이다. 여기에는 학교전이 과정에서 노는 아이들의 또래문화형성이 어떻게 이루어지고 있으며, 또래문화 속의 폭력성과 권력이 어떻게 표출되며, 흡

연이 이들에게 어떤 경험을 제공하고 있는지를 소개한다. 3편의 논문은 다음과 같다.

"오경희·한대동의 학교 밖 생활에서의 '노는 아이들'의 또래문화형성에 관한 문화기술적 사례연구: 초등-중학교전이에서. 초등교육연구, 2014 27(4), pp. 53-76.", "오경희·한대동의 '노는 아이들'의 또래문화 속의 폭력성과 권력에 관한 질적 연구: 중학교전이를 중심으로. 교육혁신연구, 2015, 25(2), pp. 19- 33.", "오경희·한대동의 중학교 남학생의 흡연 일상화 경험에 관한 질적 사례 연구: '노는 아이들'을 중심으로. 한국교육, 2016, 43(1), pp.45-72."

제2부는 여아들의 또래문화와 관련된 논문 3편을 재구성한 것이다. 여기에는 학교전이 과정에서 노는 아이들의 욕설문화와 이성애문화를 '카스(카카오스토리)'를 중심으로 소개한다. 3편의 논문은 다음과 같다.

"오경희·한대동의 초등 여아들의 욕설문화: 카스(카카오스토리)를 중심으로. 한국교육, 2014, 41(4), pp.53-77.", "오경희·한대동·정소영의 초등 여아들의 또래문화: '카스(카카오스토리)'를 중심으로, 교육사회학연구, 2015, 25(1), pp.157-188.", "오경희·한대동의 여아들의 이성애문화에 관한 질적 사례 연구: 초등에서 중학교전이에서, 교육사회학연구, 2015, 25(4), pp.53-81."

제3부는 *"오경희의 놀이 중심 유아교육의 향방에 관한 시론. 수산해양교육연구, 2019, 31(3), pp.787-800."* 논문에 기술된 놀이에 관한 담론을 재구성하였으며, 배움과 돌봄의 학교공동체의 철학적 원리와 방향성을 *"손우정 교수의 2019년 배움의 공동체학교개혁과 배움 중심 수업에 관한 연수 자료집"*과 *"한대동 외, 「배움과 돌봄의 학교공동체」.*

*제14장, 2016, pp. 397-404.", '배움'과 '돌봄'을 위한 학교공동체 실천 모델-수업과 교사협의회를 중핵으로 한 실천전략을 중심으로-*의 내용의 일부를 가져왔다.

이 책은 학교폭력 예방 및 대안을 마련하기 위한 일차적 목적을 가지지 않는다. 단지 놀이를 중심으로 형성된 아이들의 또래문화를 이해하는 것으로 폭력이 언제, 왜, 어떻게 되어 가는지를 이해하는 데 일차적 목적을 가진다. 이해는 곧 제대로 해석하는 것이라는 점에서, 비록 여전히 미흡한 점이 많음에도 불구하고 현장 연구들로 이루어진 이 책의 내용들은 옳고 그름을 판단하기에 앞서 아이들의 문화에 그들의 시각에서 한 걸음 다가갈 수 있는 계기를 마련해 주리라 여긴다. 그러나 저자의 의욕적인 출발과 달리 독자를 배려하지 못한 글쓰기가 되고 있다는 자책을 피할 길이 없다. 이는 저자의 일천한 필력과 앎을 한정된 공간에 모두 쏟아내고자 하는 욕심과 기존 저작물들의 재구성 과정에서 피할 수 없는 선택과 누락의 연결선상에서 일어난 매끄럽지 못한 글쓰기로 인한 것이다. 이로 인해 예비교사뿐 아니라 많은 독자들이 아이들의 또래문화를 이해하기 위한 바람에서 보다 실재적이면서 쉬운 글로 써 내려가리라는 의도와 달리, 제한된 글쓰기로 독자들의 한계를 시험대 위에 올려놓은 듯하여 죄책감마저 들게 한다. 또한 학교폭력의 개념 및 접근방식, 그와 관련된 내용들을 소개하는 것으로 독자들의 이해를 보다 용이하게 하려고 하였으나, 이 역시 일반적인 내용 전달의 진부함을 재생산하는 듯하여 앞으로 시간을 두고 충실한 내용과 함께 전달하고자 한다. 독자들의 거침없는 비판을 독려하며 그 질책과 격려에 힘입어 수정과 보완을 게을리하지 않을 것임을 다짐한다.

아무리 좋은 의도로 시작하였지만 출간이 되지 않는다면 서랍 속의 글로 묻히고 만다. 그런데 도전이라고밖에 할 수 없는, 아직은 숙련되지 못한 어설픈 학자의 글을 위험을 감수하고 출간을 흔쾌히 결정해 준 도서출판 동문사 여러분들께 감사의 마음을 표한다.

2019년 여름의 즈음에서, 행복한 아이들을 바라보는
따뜻한 교사의 시선을 상상하며…
오경희 씀

차 례

01 PART

남아들의 또래문화

'노는' 또래문화의 형성과 일상 공간의 변화

01 Chapter

아이들의 성장과정에서 주요한 생의 전환적 사건의 하나가 학교전이이고, 그 가운데에서 청소년기에 접어드는 중학교전이일 것이다. 왜냐하면 전이는 또래관계의 변화와 또래집단의 특성에 영향을 미치며, 결과적으로 아이들의 일상이 되는 문화를 형성하기 때문이다. 이는 경우에 따라서 아이들의 삶 자체를 뒤흔드는 변화를 가져올 수도 있다. 더욱이 학교전이로 인한 또래관계와 또래문화의 변화는 제도적 강제에 의한 것이라는 점에서 자연적으로(또는 자발적으로) 형성된 또래집단의 문화와는 성격이 다를 수밖에 없다. 특히 청소년 초기에 이르는 이 시기의 학교전이는 "변화의 모멘트"(Crafter & Maunder, 2012)로써 아이들의 현재와 미래의 삶의 양식에 더 큰 영향을 미치고 있는지도 모른다.

이 장에서는 소위 '노는 아이들'로 불리는 남아들이 중학교전이를 기점으로 형성된다는 점에 착안하여, 그들의 우정관계의 형성과 놀이 공간의 변화를 추적해 나가는 것으로 그들의 일상을 들여다보고자 한다.

I 우정 맵의 추이

또래집단의 정체성은 하위문화를 통해 구성되며 드러나기도 하지만, 동료관계 및 타 집단과의 관계, 인식, 평가를 통해서 구성되고 드러나기도 한다(조성남·이동원·박선웅, 2003: 80). '노는 아이들'[1]의 또래문화에 대한 인식 역시 이러한 맥락에서 볼 수 있다. 이들은 학교 안팎의 생활에서 주로 사회적(또는 학교) 질서와 규범에 반하는 행동들을 통해 또래관계를 형성·지속하고 있다는 점에서 '노는 아이들'로 언급된다. 청소년기의 공통된 특성이 반항임에도 불구하고, 왜 유독 이들을 '노는 아이들'로 평가하는 것일까? 이에 대한 답을 찾기 위해서는 이들이 함께 어울리게 된 시점부터 추적할 필요가 있다. 우정 맵이 형성되는 그 시점에서 아이들의 또래들 간의 관계를 살펴보는 것은 또래문화의 정체성을 형성하는 과정을 살펴보는 것과 다를 바 없다.

그림 1-1은 중학교에서 '노는 아이들'의 집단으로 분류된 아이들의 우정 맵을 시간적 추이에 따라서 살펴본 것이다.

그림 1-1 '노는 아이들'의 우정 맵의 추이

1) 일반적으로 '노는 아이들'은 '공부하는 아이들'과 대비되는 것으로, 학교생활보다는 학교 밖 생활에서 친구들과 어울리기를 좋아하며, 비교적 장시간, 사회통념상 부정적인 놀이를 하는 일군의 아이들을 의미한다. 이와 관련된 논의들은 주로 부정적 경험에 포커스를 둔 반학교 문화와 연관되어 있다(예를 들면, Willis, 1977 연구).

이들은 같은 지역사회 속에서 자랐지만, '노는 아이들'의 우정 맵은 두 유형에서 출발했다. 한 유형(제 1유형)은 같은 유치원과 초등학교를 걸쳐 중학교에서 재형성된 경우(동현, 진회, 진철, 평준, 민한)로, '유치원에서 형성→초등전이에서 일시적 해체→초등 고학년에서 재형성→중학교전이에서 일시적 해체→중학교 1학년 후반에 재형성'의 과정을 거쳐 형성된 집단이다. 다른 유형(제 2유형)은 같은 초등학교에 다니면서 형성된 경우(고진, 정빈)로[2], '초등 고학년에서 형성→중학교전이에서 일시적 해체→중학교 1학년 후반에 재형성'의 과정을 거쳐 형성된 집단이다.

이들 두 집단은 모두 초등 고학년에 형성된 집단으로, 중학교전이과정에서 다른 중학교 또는 다른 학급으로 분산되면서 일시적으로 해체되었다. 그리고 잠시 휴지기를 가진 이들 집단은 중학교 1학년 2학기가 되면서 학교 밖에서 다시 만나게 되면서 지속적인 관계를 유지하게 된 공통점을 가지고 있다.

그러나 '제 1유형'의 경우 두 번의 학교전이(유치원에서 초등, 초등에서 중학교)와 우정 해체를 경험하면서도 비교적 오랫동안 관계를 지속해왔다는 점에서, 초등 고학년에서 우정관계를 형성한 '제 2유형'과는 본질적으로 연대의식의 동기화에서 차이를 가지고 있다. 예를 들면, '제 1유형'의 우정집단은 같은 유치원과 초등학교를 거치면서 하루 일과의 대부분을 같이 보내며 자랐다. 이들(동현, 진회, 진철, 평준, 민한)은 초등학교전이에서 우정의 첫 해체를 경험했지만, 초등 고학년(5, 6학년)이 되면서 관계를 회복해 나갔다. 그리고 이들은 또다시 중학교전이에서 우정의 일시적 해체(한 학기 정도)를 경험하게 되었으며, 1학년 후반부로 가면서 관계를 다시 회복하며 지속적인 만남을 유지해 오고 있다.

'제 2유형'의 우정집단은 같은 초등학교에 다녔지만 초등학교 고학년이 되어서야 우정관계를 형성한 경우이다. 이들 역시 다른 중학교로 가면서 일시적 해체(한 학기 정도)를 경험했다(복학생 칠성 제외). 이들의 관계 재형성은 동

2) 칠성은 복학생으로 고진, 정빈과 같은 초등에 다녔지만, 시간적으로 다른 시기에 학교를 다녔기에 여기서는 제외된다.

네 친구인 진철과 평준이 같은 중학교에서 만나면서부터이다. 진철과 평준의 친구인 동현과 진회를 소개받은 정빈이 이들과 우정관계를 형성하고 있던 고진과 연락이 닿아 다시 만나게 되면서 이전의 관계가 회복되었다. 결과적으로 '제 1유형'의 우정집단이 '제 2유형'의 우정집단을 재형성하는 데 구심적 역할을 한 것이다. 말하자면, '제 1유형'의 경우 같은 동네에 살며, 보다 어린 시기부터 오랫동안 관계를 맺어왔다는 점에서 통과의례와 같은 특별한 형식 없이 자연스럽게 우정관계가 형성된 집단이다. 이들의 만남은 자연스러운 일상적 우정관계이며, 이들의 우정은 곧 '친구의 친구'의 관계로 이어져 '친구 네트워크(또는 우정 네트워크)'를 형성하여, 자연스럽게 이전의 관계를 회복하게 되었다. 비록 아이들은 중학교전이 후(초등학교 우정이 회복되기 전), 새로운 또래관계를 형성하는 것으로 우정관계를 맺기도 했지만, 이는 일시적인 관계로, 학교생활에 적응되고 다시 초등학교 친구들과 만나게 되면서 이들의 관계는 자연스럽게 해체되었다.

표 1-1은 '초등 6학년, 중학교전이 직후, 1학년 2학기'로 구분하여 가장 친한 친구를 지명하게 하는 또래들 간의 우정 맵을 조사한 결과이다. 대체적으로 중학교전이 후의 친구관계는 2학기로 가면서 해체되고(진철은 예외), 초등학교 친구들과 우정관계가 재형성되는 것을 볼 수 있다.

표 1-1 초등–중학교전이에서 우정 맵

	초등 6학년	중학교전이 직후	1학년 2학기
이동현	진철, 진회	충이, 광이, 우빈, 태현	고진, 평준, 진회, 진철
정진회	진철, 고진, 평준, 정빈, 동현	진환, 호석, 승광, 충희, 원준, 진우	진철, 평준, 정빈, 진회, 동현, 고진
국진철	진철, 진회	광모, 윤성, 강해, 정준, 재혁	정빈, 평준, 윤성, 광모
김평준	진철, 평준, 정빈, 진회, 동현	광모, 준이, 윤성, 유진	진철, 평준, 정빈, 진회, 동현
이정빈	진철, 고진, 평준, 동현, 진회	윤성, 정준, 강해, 광모	고진, 진철, 평준, 진회

	초등 6학년	중학교전이 직후	1학년 2학기
최고진	진철, 평준, 정빈, 진회, 동현	정환, 승관, 형빈, 성수	진철, 평준, 정빈, 진회, 동현
우민한	진철, 고진, 평준, 동현, 진회, 정빈	광모, 윤성	진철, 고진, 평준, 동현, 진회, 정빈
이칠성	복학생		동현, 고진

이러한 현상은 중학교전이로 인한 우정의 해체와 재형성을 설명할 수 있다. 초등학교 우정은 중학교전이라는 외부적 강제에 의해 해체되고, 이에 대한 반응으로 학교전이 직후 아이들은 내재적 강제에 의해 친구관계를 형성하게 되었다. 왜냐하면, '노는 아이들'에게 학교는 친구와의 만남을 주선해주는 장으로서의 역할이 제일 크기 때문이다. 이들에게 "만약 학교에 친구가 없다면?"이라는 질문을 하게 되면, 아이들의 대답은 한결같다. "그럼 재미없죠. 안가겠죠. 왕따잖아요. 조용히 있어야죠. 공부밖에 없죠(그래서 '의미 없다'라는 뜻)" 등과 같은 대답 중의 하나로 반응한다. 이는 연대의식으로 뭉쳐진 우정관계의 중요성을 반영한다. 따라서 전이로 해체된 우정관계로 인한 불안은 관계 형성에 조급함을 가져온다. 그러나 불안과 조급함 속에서 맺어진 우정관계는 안정을 되찾으면서 빠르게 와해되는 현상을 보이는데, 이때 결정적인 역할을 하는 것이 초등학교 때 형성된 우정집단이다.

일반적으로 아이들의 우정집단들은 매우 느슨하게 묶여져 있어, 자주 해체되거나 재형성되는 특성(Rizzo, 1989)을 가지고 있다. 그리고 '노는 아이들'의 우정관계도 잦은 해체를 경험한다. 그러나 초등학교 고학년이 되면서 형성된 우정관계는 (비록 중학교전이에서 일시적 해체를 경험하지만) 비교적 지속적인 연대감을 형성하는 것을 볼 수 있다. 여기에는 다양한 이유가 있겠지만, 무엇보다 이들이 같은 지역사회 속에서 거주하며, 보다 어린 시기에 이들 관계가 형성되었으며, 학교 외의 장소에서 만날 수 있는 기회가 많아 이들의 관계는 자연스러운 무의도성으로 형성된 관계라는 점에서 한 실마리를 찾을 수 있다. 특별한 목적(예: 성적, 집안 배경, 외모, 취미 등)을 성취하기 위해 이성적인 판단에 의해 형성된 관계가 아니라는 점이다. 즉, 이들 우정관계의 지속성은 상대적으로 순수한 정서적인 친밀감에서 비롯된 것으로 볼 수 있으며, 이것이 이들의 관계를 지속적으로 유지하는 토대가 되고 있다.

2 어울림 공간의 변화—일상의 변화

초등학교에서 중학교로 이동하면서 아이들의 학교 밖 일상생활 공간과 양식에 변화가 일어나기 시작했다. 특히 학교에 부적응 현상을 보이는 일명 '노는 남아들'은 '7번가 PC방, 당구장, S초등학교 운동장, 아파트 주변 놀이터' 등의 공간에서 놀이와 일상을 공유하며 집단 연대의식을 강화해 나갔다. 일상을 공유하는 구성원들은 특정한 제도에 묶여서 움직이기보다는 함께 하는 것으로 편안함을 느끼며 시간과 공간을 지배하는 것을 의미한다. '노는 아이들'에게 이러한 놀이(또는 학교 밖 일상) 공간은 "상황의 공간성"(Ponty, 2002: 168) 역할을 한다. 마치 사막의 원주민이 언제나 걸어온 거리를 출발점에서 빗나간 각도를 떠올리며 계산해 볼 필요도 없이 단번에 방위를 잡는 것처럼, 나의 신체에 적용된 '여기'라는 말은 다른 위치와의 관계 또는 외부 좌표와의 관계에 의해서 규정된 위치를 가리키는 것이 아니라 최초의 정돈의 정착, 대상을 향한 능동적 신체의 정박, 자기 과제를 맞이하는 신체의 상황을 가리키는 것(Ponty, 2002: 168)과 유사하다. '노는 아이들'에게 놀이(또는 학교 밖 생활 일상) 공간은 집단의 정체성을 강화하고, 이 공간 속의 각 개인은 이러한 집단을 향해 신체적인 것뿐만 아니라 내적인 상태를 자연스러운 상태로 놓는다. 이들의 놀이 공간은 빈번하고 반복적인 상호작용을 통해 자신들만의 독특한 또래문화를 형성·확장해 나가는 근거지이며, 일탈 사회화의 장으로 역할을 하고, 공격적인 소외의 장으로 기능하는 특성을 가진다는 점에서 부정적 의미를 가진 실천적 장이라고 할 수 있다.

1) 생활의 근거지가 된 '7번가(PC방)'

'노는 아이들'에게 '7번가'는 학교 밖 생활에서 특정한 목적(게임)을 가진 자연스러운 만남의 공간이다. 아이들은 평일에는 평균 3시간을, 주말에는 5시간 이상을 이곳 '7번가'에서 보낼 만큼(주말에는 사람들이 별로 없는 오전에 일찍 가서 자리를 잡고 별일이 없는 한 그곳을 떠나지 않음), 학교 밖 생활의 일상생활 공간이 되고 있다. 아이들에게 "뭐 했니?"라는 질문은 "7번가 갔었니?"라는 질문으로 대체해도 될 만큼, 대답의 전제가 되거나 대답 그 자체가 되고 있다.

> 연구자: 어제 뭐 했는데?
> 고진: 7번가 갔다 왔는데요.
> 동현: 7번가 갔다가 바로 집에 갔어요.
> 평준: 공부방 갔다, 7번가 갔어요.
>
> - 2014. 3. 26. 전체면담 중에서

이들이 만나는 장소를 '7번가 PC방'으로 옮기게 된 것은 초등학교 고학년으로 올라가면서부터이다. 그 이전까지 주로 놀던 장소는 진하문구 오락실이었다. 진하문구는 아이들의 동선에서 보면 만남의 장소로 활용하기 좋은 동네 중앙에 위치해 있다. 진하문구는 동네 사람들(그리고 아이들)의 만남의 장소이자 쉼터이며, 운동 장소로, 그 밖의 편의시설로 활용되고 있는 수리 초등학교 운동장으로 가기 위해서 반드시 거치게 되는 장소이기도 하다.

이곳 진하문구에는 몇 개의 오락 기기들이 구비되어 있어서 특히 유·초등학생들에게 인기가 많다. 동네에 오랫동안 위치해 온 진하문구는 이곳 주민이라면 모르는 사람이 없다는 점에서 어른이나 아이들에게 만남의 장소로, 동네 거리 측정의 좌표로 자주 활용된다. 노는 남아들도 진하문구는 특히 수리초등학교 운동장에 놀러 갈 때 일시적 만남의 장소로 자주 활용하였다. 왜냐하면 어느 방향에서 오더라도 불편함이 없고 특별히 만남의 장소를 거론할 필요도 없는 가장 편리한 장소이기 때문이다. 여기서 아이들은 친구가 올 때까지 게임을 하고 노는데, 때로는 다른 장소(예를 들면, 수리초등학교 운동장)로 이동하지 않고 진하문구에서 계속 게임을 하는 경우도 있다.

아이들에게 진하문구와 같은 역할을 하는 곳이 또 한 곳이 있다. 이곳 아이들이 주로 다니는 공부방 옆에 있는 놀이터이다. 이 공부방은 이 지역에서 약 15년 된 곳이다. 공부방의 원장이자 교사인 김 선생님은 오랫동안 이 지역 사람들과 함께 생활해 오면서 지역 주민들과 신뢰관계를 형성해 오고 있다. 이 공부방에 주로 다니는 아이들은 초등학교 저학년과 다른 학원에서 거부당한 초등 고학년 아이들이다. 특히 고학년 아이들은 인근 유명학원에서 성적 및 생활 측면에서 관리 및 통제가 불가능한 아이로 낙인이 찍히면서 사실상 퇴출된 아이들이라고 볼 수 있다. 이 경우, 퇴출된 아이들의 부모들은 마지막 대안으로 이곳 공부방을 찾게 된다. 왜냐하면 부모들은 공부방 교사가 오랫동안 아이들의 성장과 학부모들의 삶을 이해하고 있다고 보기 때문에, 적어도 아이들을 어떻게 지도해야 할지에 대한 분명한 방향성을 갖고 있다고 여기고 있다. '노는 남아들' 중 진철, 고진, 칠성을 빼고는 모두 이 공부방에 다닌다. 공부방 옆 놀이터는 먼저 공부를 마쳤거나 이 공부방에 다니지 않는 아이들이 공부방 일과를 마치지 않은 아이들을 기다리는 장소이다. 그러나 이곳 놀이터는 단순히 일시적 만남의 장소일 뿐이다.

이에 비해 진하문구는 '7번가 PC방'의 전신으로 보이며, 고학년에 맞게 보다 업그레이드 된 장소로서의 상징적 의미를 갖기도 한다. 연구 참여자인 남아들은 공부방이 끝나기가 무섭게 '7번가'로 가는데, 이를 마치 일상의 정식 코스처럼 여기는 것으로 보였다. 공부방에 다니지 않는 아이들의 경우 공부방 다니는 아이들이 마칠 때까지 근처 놀이터에서 기다렸다가 함께 '7번가'로 갔다.

그리고 아이들은 장소를 이동할 때 주로 함께 모여서 무리지어 다니는 것을 좋아하는 것을 볼 수 있다. 이들의 이런 집단적 행동은 집단 결속력과 정체성을 드러내기 위한 전시적 특성이 강했다. '우리는 언제나 함께 한다'는 것을 드러냄으로써 동료의식과 내적 결속력을 강화해 나가는 것이다. 한편으로는 '우리는 언제나 함께 한다'는 것을 보여주는 것으로 개인을 넘어 집단의 힘을 과시하기 위한 것이다. 이것은 구성원들이 집단으로부터 보호받고 있다는 안도감과 소속감을 갖게 하는 의례적 역할을 했다. 그리고 다른 한편으로는, 여전히 PC방을 청소년의 불건전한 장소로 여기는 사회적 통념 속에서 '7번가'로 가는 집단적 행위는 성인 권위에 대한 저항과 도전의 상징적 역할을 했다.

이러한 집단적 행위는 조직적인 움직임 그 자체로 다른 집단에 대한 위엄과 차이를 드러내는 표상이자 성인집단에 대한 아이들의 저항의 표출로 볼 수 있다. 비록 '노는 아이들'의 이러한 행위가 전략적인 계산속에서 일어난 것은 아닐지라도, 분명한 것은 자신들(또는 집단)의 '다름'을 일상적 실천을 통해 드러내며, 이를 위해 의례적 방식을 취하고 있다는 점이다. 비록 웃고 떠들며 장난치는 아이들의 일상적 행위이지만, 그 속에서 개별적으로는 볼 수 없는 아이들의 자신에 찬 목소리와 걸음걸이를 볼 수 있다.

> 공부방 놀이터에서 아이들은 동현이가 공부 마치고 나오기를 기다린다. 동현이가 도착하자 아이들은 pc방에 갈수 있다고 좋아한다. 이들은 자신들이 낼 수 있는 돈의 금액을 서로 맞추어 보고(동현은 2,000원, 고진, 정빈, 평준은 각각 1,000원), '7번가 pc방'으로 마치 행진하듯 향한다. '7번가 pc방'은 공부방으로부터 아래쪽 큰 길로 걸어서 10분 거리에 있으며, 동네의 구석진 곳에 위치해 있다… 아이들은 '7번가 pc방'으로 향하는 동안 내내 웃고 떠들며 장난친다.

- 2014. 4. 7. 관찰노트 중에서

한편, 일상의 한 부분을 차지하고 있는 '7번가 PC방'이 점차 "공간화된 공간에서 공간화하는 공간(Ponty, 2002: 371)"으로서 기능하는 것을 볼 수 있다. 즉, '7번가 PC방'은 '노는 아이들'에게 PC방 본래의 기능뿐만 아니라 일상생활의 장으로 사용되었다. '노는 아이들'에게 '7번가 PC방'은 일회적이거나 이벤트적인 공간이 아니라 생활화된 체험의 공간인 것이다. 일상생활에서 중요한 한 모습은 체험이 생활화되고 생활이 체험화되는 것(Lefbvre 저, 강수택 역, 1998: 55)이라는 점에서, '7번가 PC방'은 일상생활 공간으로서 일상에서 언급되지 않은 적이 없는 '공간화한 공간'의 성격을 가진다. 예를 들면, "7번가 갔다 왔는데요", "7번가 갔다가 바로 집에 갔어요", "공부방 갔다고 7번가 갔어요", "주말에 7번가 갔다가...", "7번가에서 밤새워 서든어택, 테일즈런너 게임 했어요" 등과 같이, 아이들에게 '7번가 PC방'은 일상적 사유와 일치하는 생활 공간이다.

> 아이들은 팀을 나누어 PC게임을 시작한다. 고진이와 진철은 연신 두 손가락을 정신없이 움직이며 다급한 목소리로 "평준아 권총"이라고 고진이가 소리치자, 진철은 "빨리 가라"라고 하며 큰 소리로 외친다. 한 순간 엄청난 에너지를 퍼붓던 고진이와 진철은 맥없는 목소리로 고진이 "좆 됐다"라고 하자, 진철은 "진짜"라고 하며 허탈한 표정을 짓는다. 아이들이 정신없이 떠드는 동안 20대로 보이는 여자가 아이들에게 라면을 끓여다준다. 아이들은 연신 라면을 먹으며 다시 게임을 시작한다.

- 2014. 4. 6. 관찰노트 중에서

'7번가 PC방'에서 아이들은 편을 나누어 게임하는 것을 즐긴다. 아이들은 주로 서든어택 게임을 즐기는데, 게임에 집중하다보면 시간을 잊어버리는 경우가 많다. 그래서 새벽에 집에 들어가기 일쑤다. 새벽에 잠을 잘 경우 아침에 일어나서 학교가기가 쉽지 않아, 참고 학교에 가서 잠을 잔다. 그리고 '7번가'에 가지 않거나 일찍 귀가할 경우에는 집에서 밤새워 게임을 즐기는 경우가 많다. 이 경우도 그냥 밤을 새고 학교에서 모자란 잠을 보충한다. 이는 '노는 아이들'이 학업에 집중하지 못하고 학교에 오자마자 엎드려 자는 이유 중의 하나이다. 아이들은 하루 평균 세 시간 정도, 이곳 '7번가'에서 게임을 하며 시간을 보낸다.

이들은 오후에는 '7번가'에 모여 게임을 하고, 라면이나 과자로 끼니를 해결한다. 그리고 게임에 집중한 나머지 밤을 새고 새벽에 집으로 들어가는 경우가 일상이 되고 있다. 학교 밖 생활의 대부분의 시간을 '7번가'에서 보내고 있는 것이다. 말하자면 이들에게 '7번가 PC방'은 일상생활이 이루어지는 삶의 근거지인 셈이다.

2) 일탈 사회화의 공간인 당구장

장소의 변화는 관계의 변화와 상호작용의 주제와 목적의 변화를 가져온다. '노는 아이들'에게 당구장은 '7번가 PC방'과는 또 다른 만남의 장이다. '7번가'가 주로 또래들과의 만남이 이루어지는 장소라면, 당구장은 소위 '노는 선배들'과 관계를 형성하는 장이다. 아이들은 당구장에서 선배들과 어울리는 것을 자랑스럽게 여긴다. 선배들과 어울려서 당구를 친다는 것 자체가 본인들이 다른 또래들보다 고학년(또는 더 성장한 것)인 것처럼 느끼게 만든다. 이는 다른 또래 아이들과 구별 짓는 것으로, 또래들 사이에서 사회적 위치를 높이는 매개적 역할을 한다. '노는 아이들'은 놀이 장소의 변화(예를 들면, '진하문구 오락실' → '7번가 PC방' → '당구장')를 통해 또래들 사이의 사회적 위치를 암묵적으로 드러낸다. 이러한 장소의 변화는 우정관계를 지속하거나 새로운 관계를 형성하는 장의 역할뿐만 아니라 자신들의 성장과 사회적 위치를 나타내는 표식의 기능을 한다.

대부분의 아이들이 주로 방과 후에 '7번가 PC방'에 간다면, 당구장은 주로 동현, 진철, 고진, 진회가 자주 찾는 곳이다. 이들은 비교적 빠른 오후에는 '7번가 PC방'에, 늦은 오후에는 당구장에 간다. '7번가 PC방'에서는 '노는 아이들' 대부분을 볼 수 있기 때문에 이곳 역시 아이들에게는 또래를 만나기 위한 중요한 장소이며 언제든지 볼 수 있는 장소라는 점에서 매일 한 번씩 들르게 되는 곳이다. 그러나 당구장은 소수의 아이들이(아직은) 평균 30분 내외 정도만 머물 수 있기 때문에 당구장에서 이들을 보기 위해서는 시간을 잘 맞추어야 한다. '7번가 PC방'이 시간당 천원인 데 비해 당구장은 30분에 3,000원이라는 점에서 아이들이 장시간 머물기에는 비용적인 측면에서도 부담이 큰 장소이다.

동현, 진철, 고진, 진회가 당구장을 가게 된 계기는 칠성과 친하게 지내면서부터이다. 칠성은 중학교 2학년을 세 번째 다니는 복학생이다. 그는 중학교 2학년 때 '노는 아이들' 무리에서 셔틀을 했으며, 학교폭력 사건에 연류되어 2번의 자퇴 경험을 갖고 있다. 현재 복학해서 중학교 2학년에 다니고 있지만 같은 학년(또는 반) 아이들과 어울리기보다는 과거에 또래였던 현재 고등학생들과 자주 어울린다. 그런데 이러한 노는 문화가 오히려 칠성을 현재 중학교 2학년인 '노는 아이들'의 선망의 대상으로 만들었다. 이런 사실을 아는 칠성은 큰 부담을 가지게 되었다. 왜냐하면 금년이 마지막 중학교 2학년이 되어야 한다는 개인적인 절박함을 갖고 있기 때문에, 현재 중학교 2학년 학생들(특히 같은 반 아이들)과 갈등이 일어나지 않도록 관계를 유지해야 한다는 과제를 안고 있다. 이에 칠성은 자신의 절박함과 부담스러움을 오히려 그의 노는 방식을 동경하는 동현, 고진 그리고 동현과 고진의 라이벌이자 절친인 진회와 노는 관계를 형성하는 것으로 해결하려는 시도를 한다. 이로 인해, 칠성이 가는 당구장은 현재 중학교 2학년 학생에게는 같은 또래들보다 높은 위치를 드러내는 상징적 장소가 되며, 칠성에게는 현재의 중학교 2학년 아이들과 자연스럽게 어울리며 학교생활을 유지할 수 있게 해주는 관계의 장이 된다.

> 연구자: 어제 뭐했니?
>
> 고진: (마치 일상이며 아무렇지 않은 듯이 거만한 표정을 드러내며) 칠성이 형하고 (과자) 사서 먹고 당구 한 게임 치고 갔는데요.
>
> 연구자: 어느 당구장 갔는데?
>
> 고진: 바로 밑에요. 금성 당구장요.
>
> \- 2014. 4. 14. 고진 개인면담 중에서

> 연구자: 칠성이 당구 잘 친다면서?
>
> 칠성: (놀라는 듯한 표정을 지으며) 누가 그래요?
>
> 연구자: 동현이가.
>
> 칠성: (안심하는 듯한 표정을 보이며) 하다보니깐 잼 있어가지고 계속 하다 보니깐

잘 치게 (되어서)...

연구자: 당구장에 언제부터 갔니?

칠성: 중학교 초기에, 선배들하고 많이 어울려 다니면서...

연구자: 지금은?

칠성: (약간 심각한 어조로) 지금은 아니에요.

연구자: 지금은 왜 같이 안 다녀?

칠성: (찡그린 표정으로) 선배들이 싫어서요. (셔틀) 시키고 저녁 늦게까지 같이 있어야 하고...

연구자: 저녁 늦게까지 같이 있는 게 싫어? 저녁 늦게 언제까지?

칠성: 12시까지요.

연구자: 선배들은 몇 명 정도인데?

칠성: 3명에서 2명... (머뭇거린다)

- 2014. 3. 1. 칠성 개인 면담 중에서

고진이의 경우 당구장에서 (노는) 선배들과 어울린 것을 내심 자랑스럽게 여기지만, 칠성은 당구장을 언급하는 것 자체를 꺼려한다. 고진이처럼 '노는 아이들'에게 당구장은 "터프함을 나타내기 위한 일탈적 심미감(deviant aesthetic)과 이상한 감성(alien sensibility)에 의한 인상 관리를 위한(Katz, 1988)" 장소로 간주될 수 있다. 예를 들면, 당구장에서 아이들은 '노는 선배'들의 일탈적 행위(담배피우기, 담배거래, 금품 갈취, 신체적 폭력, 폭언 등)와 같은 폭력적인 내용과 관련된 영웅담을 들으며 자신들의 이미지를 형상해 나갈지도 모른다. 왜냐하면 이 시기 남아들에게 거친 이미지는 부정적인 폭력의 의미보다는 남성다움을 나타내는 힘을 상징하는 것으로 내면화하기 쉽기 때문이다. 그러나 칠성의 경우는 과거에 놀던 친구들(또는 선배들)로 인해 두 번이나 자퇴 경험을 가졌고, 두 번의 자퇴로 인해 자신의 또래들과 다른 위치에서 있다는 점에서 이곳 당구장은 현재의 열악한 위치에 대한 인식과 함께 (비록 당구이긴 하지만) 이전의 또래들과 같은 위치에서 상호관계를 맺을 수 있는 유일한 장소이다. 동시에 기필코 이번에는 중학교를 졸업해야 한다는 절박함을 느끼게 하는 복합적인 마음이 작용하는 장소이다. 따라서 당구장이 비록 자신의 일상의 한 부분을 차지하고 있는 놀이이긴 하지만, 이를 언급하는 것을 지극히 자제하는 편이다. 칠성은 당구장에 다니는 아이들에 대한 사회적 시선이 여전히 호의적이지 않다는 점을 누구보다도 잘 알고 있기 때문이다.

3) 금지된 행위의 온상지가 된 S 초등학교 운동장

S 초등학교를 중심으로 SL 초, JW 초, KF 초, KG 초, DF 초가 둘러싸여 있다. 지리적인 특성으로 인해 S 초등학교는 주변의 모든 초등학생들이 한 곳에서 만날 수 있는 장소가 되고 있다. 해가 저물어갈 때쯤, S 초등학교 운동장에 가면 삼삼오오 사람들이 모여서 이야기하거나 가족 단위 또는 개별적으로 운동하는 모습을 쉽게 발견할 수 있다. 운동장 가장자리 구석진 곳을 자세히 들여다보면 거기에 초·중등 학생들이 모여 있는 것을 볼 수 있다. 특히 '노는 아이들'은 더 쉽게 발견할 수 있다. 이들은 유년 시절부터 S 초등학교 운동장을 또래들과의 만남의 장소이자 놀이의 공간으로 활용하고 있다. S 초등학교 운동장은 중학생인 '노는 아이들'에게는 돈이 없어 '7번가 PC방'이나 당구장에 못 가게 될 경우나, 함께 스포츠 게임을 하거나, 흡연 또는 담배 거래와 같이 학생으로서 용납되지 않는 행위를 하고 싶을 때 편하게 사용할 수 있는 장소이다. 공간의 경험이 다른 모든 경험의 방식들, 다른 모든 심리적 소여들과 얽혀 있듯이(Ponty, 2002: 433), S 초등학교 운동장은 '노는 아이들'의 또 다른 형식의 어울림의 공간이 되고 있다. 그러나 어울림의 방식에 따라, 또래들 속에서의 위치에 따라, S 초등학교 운동장은 한없이 자유로움을 주는 공간일 수도 있지만 더없는 소외와 폭력의 공간일 수도 있다.

> S 초등학교 운동장에 해가 저물어 가기 시작하자, 여기저기에서 아이들이 삼삼오오 모여들기 시작한다. 누가 가져왔는지 모르지만 한 아이의 손에 축구공이 쥐어져 있었으며, 곧이어 축구공은 여러 아이들의 발길에 차이며 운동장을 돌아다니고 있다. 잠시 후, 아이들은 마치 약속이나 한 듯이 일제히 민한이에게 골키퍼 자리에 가서 뒤돌아 서 있으라고 요구한다. 민한이는 마지못해 발걸음을 옮긴다.

민한이가 골키퍼 자리에 서자, 아이들은 또다시 약속이라도 한 듯이 일제히 민한이의 몸을 향해 공을 세게 차기 시작한다. 민한이가 일그러진 얼굴로 뒤돌아보자, 아이들은 (마치 미친 듯이) 민한이의 엉덩이와 허리부분을 향해 연신 공을 더 세게 날리기 시작한다. 민한이의 얼굴은 참을 수 없는 고통으로 인해 일그러져 있으며 손은 허리의 통증을 호소하는 듯이 허리를 옥죈다. 아이들의 연이은 공격이 잠시 멈추자, 찌푸렸던 민한의 얼굴도 오래지 않아 편안해졌다. 민한은 마치 어떤 일도 일어나지 않은 것처럼 조금 전과는 전혀 다른 반응(무표정)을 보이며 그 자리에서 꼼짝하지 않고 서 있다. 그러나 이러한 평화도 잠시, 또다시 아이들은 민한의 등을 향해 무차별적인 공격을 가하다. 이번에는 민한이도 더 이상 참을 수 없다는 듯한 표정을 지으며 고통스러워하기 시작한다. 그러자 아이들은 '그만하면 되었다'라고 말하듯, 역시 약속이나 한 듯이 일제를 민한이에게로 향하던 공의 방향을 바꾸어 벽으로 향한다. 그리고는 본격적인 축구를 하기 시작한다.

- 2014. 5. 7. 관찰노트 중에서

아이들이 특정한 아이를 소외시키거나 폭력을 가할 때 마치 정해진 규칙이나 약속에 의한 것처럼 일제히 이루어지는 것을 볼 수 있다. 민한을 골키퍼 자리에 세우는 행위, 돌아가면서 민한에게 공을 차는 행위, 무차별적 공격이 멈추어지는 시점, 실질적인 축구 게임이 시작되는 시점 등은 놀라울 정도로 일사불란하게 이루어지고 있다. 이러한 모습은 아이들의 일상 속에서 흔히 볼 수는 있지만 성인으로서 이해하기는 쉽지 않은 풍경이다.

사실, '노는 아이들'의 집단에서는 특정한 한 아이만을 지속적으로 소외 또는 공격의 대상으로 삼지는 않는다. 진철이나 고진, 그 외 다른 아이들도 지속성과 정도의 차이가 있을 뿐 번갈아가며 소외를 당한다. 그러나 이들은 민한과 달리 주로 '따' 또는 '셔틀'과 같이 직접적인 물리적 폭력의 대상은 아니다. 민한의 경우는 이 집단에서 유일하게 신체적 폭력의 대상이라고 할 수 있다. 예를 들면, 자주 소외의 대상이 되고 있는 동현과 정빈의 경우조차 '따'와 '셔틀'을 당하지만 구타를 당하지는 않는다. 더욱이 '노는 아이들'의 집단에서 비교적 지속적인 '따'와 '셔틀'의 대상이 되고 있는 동현도 아이들로부터 '찐따(짱이 되고 싶어서 나대는 별 볼일 없는 아이에게 붙여진 일종의 욕설), 사이코, 병신, 마마보이, 똘아이' 등으로 불리며 조롱의 대상이 되고 있지만, 어떤 경우에도 신체적 폭력의 대상이 되지는 않는다.

그런데 '왜 민한은 유독 신체적 폭력의 대상이 되는 것인가?' 이에 관한 답을 (지속적이고 다각적인 접근에서 시도했지만) 아이들에게서 들을 수는 없었다. 이들의 일상을 따라 다니며 수집된 자료를 분석한 결과, 민한과 다른 소외 아이들과의 차이는 민한의 무조건적 순종과 복종이라는 점이다. 동현과 정빈의 경우, 비록 '따 또는 셔틀'과 같은 형식으로 소외를 당하지만, 상황에 따라서 자신들의 감정이나 상태를 드러낸다. 이것은 미약하지만 자신들의 저항의 힘을 표출하는 한 양식으로, 폭력 가해자라고 할 수 있는 아이들로 하여금 폭력성의 정도, 폭력성의 상한선을 만드는 일종의 '폭력 제어장치' 역할을 하는 것으로 보인다. 예를 들면, 동현의 경우, 피를 보면 광기에 가까운 소리 지르기와 몸짓을 보인다. 이러한 행동은 순둥이로만 보이던 동현을 경계하며 지나친 폭력을 삼가게 만든다. 그리고 정빈의 경우도 이 집단의 사실상 '짱'인 진철에게는 무조건적 복종의 자세를 취하지만, 다른 아이들에게는 그들의 괴롭힘에 대해 자주 불편한 감정을 자주 드러낸다. 이로 인해 아이들은 동현과 마찬가지로 어느 정도 정빈의 눈치를 살핀다. 그런데 민한의 경우는 이 집단에서 신체도 크고 힘도 제일 세다. 그럼에도 불구하고 자주 구타의 대상이 되고 있다. 특히 축구 게임에서 민한은 본 게임에 앞서 몸 풀기 하듯이 아이들에게 집단으로 무차별적 폭력을 당하는데, 이는 마치 행사 전 의례처럼 보이기까지 한다. 문제는 민한의 반응이다. 그 역시 이 모든 상황에 대해 어떠한 대처도 하지 않고 다른 아이들과 마찬가지로 통과의례처럼 받아들이고 있다는 점이다.

다시 말해 위 사례에서 아이들은 Smith & Hogan(1980)이 거칠고 덤블링한 아이들의 놀이 과정에서 담합 행위(mutual consent)가 생겨나고, 지배와 복종의 규칙이 교환되며, 이로 인해 폭력이 발생한다고 언급한 것과 유사한 과정을 보여주고 있다. 큰 신체와 달리 어떠한 반응도 하지 않는 민한과 이를 향한 집단적인 공격 행동은 이들 아이들에게 어쩌면 "지배와 복종의 규칙"(Smith & Hogan, 1980)을 형성하는 한 방식일지도 모른다. 그러나 여기에서 중요한 것은 그 규칙에 참여하는 자세다. 특히 폭력의 대상으로 찍힌 아이들은 자신에게 가해지는 아이들의 폭력에 대해 어떠한 자세도 취하지 않는 것으로 또래규칙에 대한 무언의 동조를 하고 있다는 점이다. 민한의 경우가 대표적인 사례가 될 수 있다. 신체적 조건이 또래들보다 훨씬 유리함에도 불구하고 저항하지 못하는 성격(또는 기질)으로 인해 또래들 사이에서 가장 낮은 위치에 점해서 폭력의 대상이 되고, 또 이를 당연시하며 받아들이고 있는 민한의 모습에서 또래들 간의 무언의 규칙이 가지는 강제성의 단서를 어느 정도 찾을 수 있다.

어떤 대상에 대한 결정이나 행위가 마치 약속한 듯이 일사불란하게 행해지는 것은 그 현상을 바라보는 아이들의 시각이 별로 다르지 않다는 것을 의미한다. 그렇다면 폭력이나 소외의 대상이 되는 아이들의 경우, 아마도 집단의 분위기 또는 현상에 대한 이해의 부족으로 스스로를 힘든 위치에 놓이게 했는지도 모른다. 그렇다고 아이들의 집단적인 폭력 행위가 보호받아야 하거나 옹호될 수 있는 행위라는 것은 아니다. 단지 폭력 또는 소외의 대상이 되고 있는 아이의 대응 역시 중요하다는 점이다. 어떤 탁월한 대응책도 스스로 대응하려는 의지가 없다면 어떠한 변화도 기대할 수 없기 때문이다.

3 에필로그

소위 성인들이 범주화하고 있는 '노는 아이들'의 집단은 생득적이거나 기질적인 것이 아니다. 아이들이 특정한 또래집단을 형성하거나 그들만의 문화를 형성하는 데에는 어떤 전환적 계기가 있기 마련이다. 최근 조사 결과에 의하면 중학교의 학교폭력 현상이 가장 높으며, 점차 저연령화 현상이 뚜렷해지고 있다고 설명한다. 이러한 조사결과는 본 연구자가 초등과 중학교의 전이에서 어떤 일이 일어나는지에 관심을 두도록 이끄는 촉진제 역할을 했다. 그리고 이러한 호기심에서 일어난 본 연구의 시도는 충분히 의미 있는 작업이었음을 결과를 통해 볼 수 있다.

주로 학교 밖 생활에 더 의미를 두고 있는 아이들을 대상으로 관찰하고 인터뷰했지만, 이들에게서 같은 연령대 아이들(10대 초반의 초등학생들)과 확연히 구분되는 매번 폭발적인 사건으로 연결되는 삶을 볼 수 있었던 것은 아니다. 그럼에도 불구하고 여기서 '노는 아이들'이라고 지칭한 것은 우리나라 아이들의 보편적 삶(비록 그 삶이 성인 구속적인 삶이라고 할 수 있는 학교체제의 순응적 삶을 의미할지라도)과는 차이가 있기 때문에 편의상 분류한 것이지, 결코 부정적인 의미의 낙인찍기의 이름만으로 해석될 수 없으며 그렇게 되어서도 안 된다.

연구자의 특정한 의도와는 상관없이 과연 이들이 '노는 아이들'로 분류되기 시작한 시점은 언제부터인지에 대한 관심은 또래문화의 변화를 가져오는 분기점을 찾는 데 기여했다. 왜냐하면 막연하게 그럴 것이라고 여겼던 생각이 아이들의 생생한 삶으로부터 확실성을 전달해 주었기 때문이다. 즉, '중학교전이'의 시기가 아이들의 우정관계와 노는 공간의 변화와 함께 일상의 변화를 일으키는 전환적 시기였음을 밝힐 수 있었다.

'중학교전이'의 시기에 아이들은 우정집단이 해체, 재형성되는 경험을 하게 되면서, 초등학교 때 단순히 어울려 놀던 아이들과 연대하여 사회적으로 명명되는 '노는 아이들'의 그룹을 형성하고 공고히 한다는 점을 발견할 수 있었다. 이 시기가 초기 청소년기에 해당하며 발달론적으로 무엇보다 성인 권위에 대한 반항 또는 저항의 특성이 폭발적일 때라는 점을 감안할 때, 상대적으로 가시적·비가시적 폭력 경험이 많은 아이들의 경우, 자연스럽게 '노는 아이들'의 문화를 정착시켜 나가는 핵심 역할을 하며 성인에 대한 저항처럼(또는 성인보다 더 탁월한 것처럼)자신의 존재감을 드러내고자 열중할 수 있다. 더욱이 이 시기의 아이들이 흔히 보이기 쉬운 폭력성에 관해 성인의 무관심 또는 회피가 일관되거나 또는 자기 자녀만은 아니기를 바라며 격리시키기에 열중한다면,

아이들이 가진 열악한 상황적 특성들은 성인들의 무관심과 복합적으로 얽혀 기존 사회와 잦은 갈등을 일삼는 일상을 만들어 낼 것이다.

보편적인 생활 속에 사는 보통 아이들로 불리는 이 시기의 아이들은 대체로 또래들 간의 갈등을 미래의 성공적 삶을 위하여 현재를 담보하는 형식으로, 미래의 사회적 자본으로서 우정관계를 형성하는 형식으로 극복해 나간다면, 열악한 생활 속에서 상대적으로 특별한 경험을 갖고 있거나 특별하게 보이고 싶어하지만 학교생활 속에서는 침묵만을 강요당하고 열등감만을 가질 수밖에 없다고 여기는 아이들은 아직은 다가오지 않은 불확실한 미래보다 현재의 즐거움을 함께 나눌 수 있는 또래집단에 더 집중할지도 모른다. 이는 그동안 사회적으로(또는 교육적으로) 크게 주목받지 못하고(아니면 사회적으로 분리조치 되어야 할 경우에만 주목받는) 열악한 위치에 있던 아이들이 소위 '노는 아이들'로 명명되어지는 또래집단으로 다가가게 하는 요인일지도 모른다.

따라서 이들 집단은 학교보다는 주로 학교 밖 생활을 주요 근거지로 삼으며, 학교로부터 오는 어떤 구속으로부터 벗어나 보다 자유로운 삶을 형성한다. 비록 이들 또래집단이 부정적인 의미의 '노는' 문화를 적극적으로 받아들이는 것으로 보일지라도, 이들에게는 그냥 일상적인 놀이문화일 뿐이며 학교생활의 단조로움, 지루함, 소외감으로부터 탈주를 가능하게 해주는 해방구일 뿐이다. 이는 아이들의 '노는' 문화를 보다 긍정적인 놀이문화로 전환시킬 수 있는 가능성을 여는 것으로, 또래문화 형성의 초기 단계에서 일어나는 다양한 행위들을 파악할 필요를 제기한다. 무엇보다 이러한 시도는 보다 긍정적인 또래문화 형성의 단초를 제공해 주는 것으로, 이들 문화가 생성되기 전에 공감과 소통을 매개로 한 다양한 측면에서의 성인들의 적극적 지원이 보다 긍정적인 또래문화 형성의 토대가 됨을 보여준다.

이에 최근에는 이전에 주로 관심을 기울여왔던 아이들의 또래문화에 대한 대다수의 연구 주제들 – 주로 교육 기관 및 교실, 야구장과 같은 조직적인 스포츠 장소 및 여가활동을 위한 장소에서 일어나는 아이들의 또래문화 – 과 함께, 특별한 또래형성과정, 일상, 관심, 가치를 밝히는 연구들이 점차 늘어나고 있다(Corsaro, 1997). 이러한 연구들은 아이들의 특수한 문화와 특정한 경험에서 일어나는 자기사회화(self-socialization)에 주목한다. 자기사회화는 타자에 의한 사회화가 아닌 자기주도적 사회화라는 측면에서 강력한 힘을 가진다. 만약 "자발적 연대의식의 발로"(오경희, 2012)로서 형성된 또래문화 속에서 아이들이 자기주도적인 사회화를 통해 특정한 가치와 규범을 획득해 나간다면, 그것이 행동으로 현실화된다면, 이는 사회변화의 한 일렁거림이 되기에 충분하다. 다만 이러한 일렁거림이 우리 사회가 지향하는 긍정적인 것이 될지, 아니면 그 반대가 될지는 터닝 포인트가 되는 또래문화의 특성에 따라 달라질 수 있다. 이러한 맥락에서, 중학교전이의 시기의 '노는 아이들' 또래문화 형성에 대한 관심은 비록 현재는 이들의 문화가 일반 또래문화와 뚜렷한 구별을 갖지 않을지라도, 일상생활에서의 경험이 미래의 잠재적 폭력성과 맞닿아 있다는 점에서, 이는 미래의 폭력 예방을 위한 첫 걸음이 될 것이다.

이 장에서 보여주고 있듯이, '중학교전이'를 기점으로 '노는 아이들'의 우정맵의 변화가 일어나고 있다. 이러한 변화는 무엇보다 1학년 2학기에 접어들면서 초등학교(또는 유치원) 시기의 우정관계가 재형성됨에 따라 우정관계의 급변한 변화로 인해 생겨난 것이다. 뿔뿔이 흩어져 있던 유·초등학교 시기의 우정관계가 학교 간 경계를 넘어 연대되면서 보다 확장적이고 지속적인 관계가 형성되었다. 이는 보다 어린 시기부터 같은 동네에서 정서적으로 엮여져서 형제와 같은 연대의식을 가지며 살아 온 이 지역 아이들이, 각자의 친구가 친구의 친구로서 연대됨에 따라 우정 네트워크의 확대와 친밀감이 보다 가중되는 현상에 의한 것이다.

특히 이러한 특성은 아이들이 초등학교의 오래된 친구들보다 중학교에서의 새로운 우정을 보다 더 지속적으로 유지하는데, 그 이유를 새로운 우정이 자신의 삶에 있어 미래의 궤적(trajectory)을 가진다고 보기 때문이라고 Weller (2007)가 거론한 것과는 사뭇 다른 결과를 보여준다. 이는 학교에 부적응 특성을 보이며 미래에 대한 어떠한 꿈도 가지지 않는(또는 못하는) '노는 아이들'의 또래문화에 대한 일면을 이해하는 데 도움이 될 것이다.

또한 '노는 아이들'은 중학교전이를 기점으로 어울림의 공간을 달리하는 것을 볼 수 있다. 이들은 중학교로 가면서 주로 '7번가 PC방, 당구장, S 초등학교 운동장'을 일상생활의 공간으로 삼으며 또래문화를 형성한다. 주로 돈이 있을 경우에는 '7번가 PC방이나 당구장'과 같은 곳에서 놀지만, 그렇지 못할 경우에는 'S 초등학교 운동장'에서 주로 노는 것을 볼 수 있다. 또한 이들은 놀이 공간에서 폭력성을 지닌 상호작용을 통해 자연스럽게 자신들의 또래문화를 형성해 나간다.

즉, 중학교전이 시기에 아이들은 소위 '노는 아이들의 문화'를 형성하는 또래집단을 형성해 나가는 것을 볼 수 있다. 이 시기는 사회심리학적으로나 학령적으로나 전환적 시기라는 점에서, 아이들은 가시적으로든 또는 비가시적으로든 변화의 형식을 취한다. 이때 그 변화의 방향이 어떤 식으로 이루어질지는 순전히 아이들의 선택에 달려 있다. 그러나 적어도 이 시기가 아이들에게 얼마나 많은 역동과 충격의 시기인지를 이해한다면, 이 시기에 필요한 교육적 관여가 무엇이며 어떤 방향으로 일어나야 할지를 고려하는 것은 어렵지 않을 것이다. 이러한 맥락에서 이와 같은 논의는 적어도 아이들의 솔직한 이야기와 접할 수 있는 용기와 더불어 '노는 아이들'을 이해하고 소통할 수 있는 하나의 도구(또는 통로)가 되어 줄 수 있다는 점에서 교육적 의의를 가진다.

우리들의 생각, 플러스

Chapter 02

또래문화 속의 폭력성과 권력

본질적인 것은 일상성의 부조리에 대한 의식이 아니라, 언제 인간이 일상성[3]에 대해 반성하게 되는가라는 문제다(Maffesoli & Lefebvre, 2002: 133). 청소년기가 또래집단에의 지향과 동조가 가장 강한 시기라는 점에서, 또래집단의 문화는 아이들의 일상성을 지배한다. 특히, '노는 아이들'의 또래집단은 학교 밖에서 또래들과 많은 시간을 보내며 다양한 활동을 통해 결속력을 강화시켜 나가는 "자발적 연대의식"(오경희, 2012)으로 형성된 모임이라는 점에서 더 강력한 강제력을 행사한다.

일반적으로 아이들이 학교생활보다 학교 밖의 생활에 더 만족한다는 것은 학교가 이들에게 의미 있는 장으로서의 기능을 제대로 수행하지 못한다는 것을 의미한다. 이로 인해 아이들은 반항적인 또래집단을 형성하는 것으로 건조한 학교생활을 흥미롭고 자극적인 삶으로 변화시키고자 한다(Hargreves, 1967). 그러나 긍정적인 또래집단이 단지 학교생활이 단조롭다고 하여 반항적인 또래집단으로 변질되거나 새롭게 결성되지는 않는다. 사회적 관계도 어떤 파괴가 그것들을 깨뜨릴 때까지는 한 사회에 내재하는 사회적 관계들을 유지해 나가려는 속성을 가지기 때문이다(Maffesoli & Lefebvre, 2002: 71). 이러

3) 일상성은 현실을 은폐하면서도 동시에 일정한 방식으로 그것을 드러내는 현상적 세계이다(Maffesoli & Lefebvre, 2002: 128, 133). 노는 아이들의 세계에서 일상성 역시 현실을 매개적인 방식으로 일부 드러낸다. 즉, 이들의 세계로부터 특정한 현실에서의 일상성을 파악할 수 있게 한다.

한 맥락에서 이 시기에 일어나는 중학교전이는 "일종의 통과의례"(Glaser & Strauss, 1971)의 차원을 넘어 또래집단의 특성을 변화시키는 전환적 계기를 마련하는 중요한 사건이라고 할 수 있다. 왜냐하면 중학교전이는 발달 단계론적 측면에서는 아동기에서 청소년기로의 전이를, 공간적 측면에서는 초등학교에서 중학교로의 전이를 나타내는 이중의 변화를 동시에 경험하게 됨에 따라, 또래들 간의 역동적인 상호작용을 불러일으키는 파장을 불러일으키는 원인이 되기 때문이다. 이처럼 중학교전이는 아이들로 하여금 일상의 친숙함으로부터 낯설음으로 나아가게 함으로써 "개인 내면의 어떤 변화를 불러일으키는 잠재성을 가지게 한다"(Crafter & Maunder, 2012). 이러한 잠재성은 그동안 유지해 오던 안정적인 사회적 관계들을 해체하고 새로운 관계를 형성하는 동기로서 표출되며, 표출의 양식에 따라 긍정적 또는 부정적 관계가 형성된다.

이에 이 장에서는 중학교전이를 기점으로 '노는 아이들'이 또래집단을 어떻게 형성·유지하며, 이 과정에서 폭력성과 권력이 어떻게 나타나는지를 기술한다. 특히 학교문화에 잘 적응하지 못하는 '노는 아이들'이 중학교전이 기점으로 학교 밖 일상생활은 어떠한지, 서로 어떻게 상호작용하며 그 과정에서 폭력성과 권력이 어떻게 행사되는지'를 파악하고자 한다. 이러한 접근은 '노는 아이들'의 폭력문화 형성의 시점과 그들의 일상을 파악하는 것으로, 긍정적인 청소년 또래문화 형성을 위한 적기와 전환을 위한 방안을 모색하는 데 도움을 줄 것이다.

1 중학교전이 전·후의 또래집단 속의 폭력성

인간은 누구나 폭력성을 가지고 있으며, 폭력은 일반적으로 권력의 불균형 현상에 의해 일어난다. 그러나 폭력성이 폭력으로 표출될 경우에는 어떠한 사건이 개입되어 있으며, 폭력 그 자체는 행사되는 방식이나 목적에 따라 정당한 폭력이 될 수도 있고 부정적인 폭력이 될 수도 있다. 다음은 중학교전이라는 생의 사건을 중심으로 아이들의 또래집단이 (재)형성되는 과정과 또래문화 속의 폭력성과 힘의 위계화의 특성을 볼 수 있다.

1) 전이 전 또래집단 형성: 싸우면서 욕하면서

'노는 아이들'의 또래집단은 우호적인 상호작용의 산물이라기보다는 갈등으로부터 빚어진 잦은 만남에 의해 형성된 산물로 이해될 수 있다.

> 학교는 다르지만... 옛날부터 친했는데 초등학교 때 가까이 학교에 있으니깐 싸우다가 다시 친해졌어요. 그냥 서로서로 욕하면서 그러다가 어쩌다가... 사이가 안 좋았다가 친해졌어요. 그냥 어쩌다가 같이 놀았는데 그 후로 친해진 거죠.

- 정우 개인 인터뷰

남아들은 거칠게 싸우는 것으로 친구관계를 형성하기도 한다. 그러나 이들의 거칠고 장난스러운 싸움이 연령이 많아짐에 따라 부정적인 폭력의 중심에 놓일 수 있다는 점에서 주의를 기울일 필요가 있다. 특히 싸우기와 같은 신체적 폭력은 초기 청소년기의 지배관계를 결정하는 기준이 될 수 있다.

> 우리는 6학년 때부터 놀았어요. 그냥 학교에서 맨날 노니깐. 학교는 다르지만 같은 동네에 살고, 학교도 다 가까워요. 본원 초랑 지주 초랑 지원 초랑 가까우니깐... 지주 초랑 싸우고 그래 가지고... 학교끼리 싸우고...... 저희 원래 친해요....

- 정빈 개인 인터뷰

같은 동네에서 성장한 아이들은 서로 아는 사이지만 모두가 특별한 친밀감을 형성하고 있는 것은 아니다. 아이들은 주로 학교(또는 학급)를 중심으로 우정관계를 형성하기도 하고 해체하기도 한다. 위 사례의 아이들은 같은 동네에서 살았지만, 보다 지속적인 우정관계를 형성한 것은 초등학교 고학년이 되면서부터였다. 이들은 주로 본원 초와 지원 초에 다니며 방과 후 지역의 중심에 위치해 있는 본원 초 운동장에서 자주 만난다. 이들은 학교별로 편을 나누어 축구, 농구와 같은 게임을 자주 하지만, 게임의 끝은 언제나 심각한 말다툼과 함께 신체적 폭력 행사이다. 이러한 갈등은 비록 또 다른 폭력을 일으키는 원인으로 이어지기도 하지만, 잦은 만남이 일상이 되면서 서로의 관계를 규정해 주는 암묵적 질서를 만들어 내기도 한다. 그리고 이러한 질서는 아이들의 무비판적인 만장일치의 수용으로, 집단 행동과 감성을 동원하는 암묵적 근거가 되며 또래문화 형성의 토대가 된다.

2) 전이 후 또래집단 형성: 서열 짓기

중학교전이는 기존의 또래집단의 강제적 해체를 경험하게 함으로써 아이들로 하여금 새로운 또래집단 형성에 대한 긴장감을 불러일으키는 요인으로 작용한다. '노는 아이들' 역시 만세 중과 서백 중으로 분리·이동됨에 따라 일시적 단절을 경험한다. 중학교전이 후 겨울방학 직전까지 아이들은 학교생활에 적응하기 위해 일시적인 또래집단을 형성하지만, 중학교 1학년 겨울방학이 되면 초등학교 친구들과 다시 만나고, 그 만남이 방학동안 지속되면서 학교 간의 경계를 넘어 '노는 아이들'의 그룹을 형성한다. 이들의 만남은 겨울방학을 지나 학기 중(주로 방과 후)에도 지속되며 일상생활로 정착된다. 말하자면, 이들의 관계는 집단 속에서 반복적이며 순환적인 방식으로 점차 체계화하여 전형적 상황을 구조화해 나간다.

연구자: 대가리는 어떻게 정해지지?

형석: 그냥 맨 처음에 선 채로 그냥 욕 좀 하면 애들이 그냥 재는 그냥 좀 까칠한 아이구나. 그렇게 생각을 해요. 그냥 안 싸워도 '일통이구나' 라는 것을 알 수 있잖아요. 애들은 말을 세게 하면 쫄아 가지고.... 우리는 안 싸워요.

- 준기 개인 인터뷰

일반적으로 '노는 아이들'의 세계에서 리더에 해당되는 아이를 '짱', '통'이라고 부르는데, 여기에 등장하는 아이들은 주로 '대가리'라고 부른다. 대가리라 불리는 아이들은 주로 거친 언어와 공격적인 태도를 보이는 것으로 다른 또래들을 통제해 나간다. 이러한 행동들은 또래들 간의 서열을 정하는 기준이 되며, 폭력을 허용하는 시초가 된다. 특히 이들의 거친 언어는 분노의 한 표현 양식으로, 다양한 폭력적 행위의 접근을 용이하게 한다.

> 연구자: 아이들한테 빵셔틀 같은 것도 시키니?
> 윤철: 눈에 보이면 시켜요.
> 연구자: 어떻게 시키는데?
> 윤철: 말로 세게 해요. 욕 하면서 안 가져오면 때린다고 하면서. 그러면 애들이 무서워서 가져와요.
>
> - 윤철 개인 인터뷰

윤철은 초등학교에서부터 중학교 1학년 초반까지 짱이다. 윤철은 폭력적인 언어를 자주 사용하는 것으로 아이들을 지배한다. 예를 들면, 빵셔틀을 시켰는데, 빵을 사고 거스름돈을 안주면 "망치로, 쇠파이프나 나뭇가지로 죽여야지"라고 하거나, 초등학교 다닐 때 싫어했던 교사를 거론하며 "허수아비 같은 새끼 있는데, 개 잘 팔아요, 이름 개 똘아이 새끼, 뭐만 하면 무조건 애들부터 팔고 봐요, 어떤 식으로든. 장기 매매하는 새끼도 아니고 존나 팔아대요"라고 하며 상대를 가리지 않고 무차별적으로 폭력적인 언어를 사용한다. 이러한 윤철의 상대를 가리지 않고 내뱉는 무차별적인 언어폭력은 아이들이 윤철을 두려워하면서도 선망하며 따르게 만드는 역할을 한다. 특히 '찐따, 빵셔틀, 병신, 머저리, 찌질이'로 불리는 아이들에게 윤철은 감히 다가설 수 없고 거부할 수 없는 두려움의 대상이 된다.

2 또래문화 속의 폭력성과 권력 정당화

폭력의 종류와 형태는 다양하다. 이는 권력 자체가 다양한 종류의 힘에 의해서 형성되기 때문이다. '노는 아이들'의 세계에서도 다양한 폭력이 행해지고 있는데, 이는 다양한 힘의 형태와 연관되어 나타난 것이라고 볼 수 있다.

1) 위치 재생산과 폭력성

(1) 소외 재생산과 폭력성

'노는 아이들'의 세계에서도 '찐따, 빵셔틀, 찌질이, 마마보이, 병신, 머저리' 등으로 불리는 아이들은 존재한다. 문제는 이들의 호칭에 따른 위치는 초등학교에서부터 중학교전이 이후까지 변함이 없다는 점이다.

연구자: 정빈이는 원정 초인데 어떻게 초등학교 때부터 친하게 되었니?
아이들: 빵셔틀이었어요. 불쌍해서 놀아주는 거예요.
연구자: 정빈이는 초등학교 때 어땠는데?
아이들: 재미없었어요, 찌질이어서… 개 맞듯이… 맞았으니까 (놀아주는 거죠).
연구자: 정빈이는 어떤 애라고 생각하니?
아이들: 빵 사오기에 좋은 조건. 10초 만에 갔다 와요.

- 집단 인터뷰

정빈은 초등학교에서 빵셔틀로 불리며 아이들로부터 소외당한 경험이 있다. 주원 초등학교에서 정빈은 늘 외톨이었고 다른 또래들과 어울리지 못했다. 그런데 중학교에 오면서 본원 초등학교를 나온 '짱'인 기영의 추종자가 되면서 '노는 아이들'의 집단에 자연스럽게 들어가게 되었다. 그렇지만 여기에서도 정빈은 여전히 빵셔틀을 한다. 그럼에도 불구하고 정빈은 이 상황을 비교적 긍정적으로 받아들인다. 왜냐하면 '전따(전교 따)'였던 정빈은 비록 '노는 아이들' 속에서 '빵셔틀'을 하지만, 적어도 완전한 소외(전체 아이들로부터의 소외)로부터 는 벗어날 수 있기 때문이다.

(2) 권력 재생산과 폭력성

'노는 아이들'의 세계에서 힘의 행사는 주로 폭력성을 동반하는데, 이때 폭력성은 지배－복종관계를 유지하기 위한 수단이 된다. 이들의 세계에서 권력관계는 지배적 위치에 속하는 '짱, 통, 대가리'로 불리는 아이와 주변적 위치에 있는 '찐따, 머저리, 찌질이' 등으로 불리는 아이들 간의 힘의 불균형에 의해 형성된다. 특히 주목할 것은 이들의 서열짓기가 서로 다른 초등학교를 졸업했음에도 불구하고 중학교까지 이어진다는 사실이다.

> 본원 초등학교 운동장에서 정빈, 정우가 골대 근처에서 발로 천천히 공을 서로 주고받는다. 잠시 뒤, 기영, 윤철, 준기가 참여하면서 갑자기 축구가 격렬해지기 시작한다. 대부분 공은 기영의 발에 닿아 있으며, 기영은 공을 끊임없이 골을 향해 찬다. 그리고 기영은 공이 다른 아이에게로 가거나, 멀리 날아갈 경우, 여지없이 "민한아 축구공 가져와라"라고 한다든지, 코너킥을 하고 싶으면 "공을 올려봐라"라고 하며, 공이 자신의 발로부터 멀어지지 않도록 민한에게 주의를 준다. 기영에게 자주 불리는 민한은 축구에 참여하기보다는 다른 아이들, 특히 기영이가 공을 잘 찰 수 있도록 서포트하는 '공셔틀'을 담당한다. 그러나 기영은 축구하는 동안 한 번도 공을 가지러 가지 않는다.

- 본원 초등학교 운동장 참여관찰

기영은 본원 초등학교에서 '짱'이었고 지금(만세 중과 서백 중의 노는 집단에서)도 '짱'이다. '짱'인 기영은 '노는 아이들'의 집단 가입 및 탈퇴에서 뿐만 아니라 또래들과의 일상생활 전반을 주도한다. 예를 들면, '잠수를 타고 있는 두 명의 아이들(근영이와 민수)에 대해 누구를 제명할 것인가, 식당에서 어떤 음식을 주문할 것인가, 금연은 언제까지 할 것인가, 택시비, 오락비, 당구장비 등과 같은 놀이 경비는 누가 더 많이 낼 것인가' 등과 같이, 또래들과의 관계 형성에 필요한 모든 일상에 관한 내용들을 일방적 지시를 통해 전달하는 것으로 다른 또래들을 통제한다.

2) 폭력의식(또는 피해의식)과 권력 정당화

(1) 폭력의식

폭력은 가치판단과 결부되어 있다는 점에서 청소년기의 가치관 형성에 영향을 미친다. 폭력의식은 단순하게 폭력 행동을 유발하는 연결적 의미보다 훨씬 더 복잡하게 형성된 태도이다(오승호, 2009: 97). 이는 폭력이 발생하는 사회적 맥락과 다양한 통로에 관해 주의를 가질 필요성을 제기한다. 특히 일상생활 속의 행위를 통해 공유된 경험은 (집단 또는 개인의) 의식의 흐름을 이해하게 하며, 이를 통해 폭력 행위를 파악할 수 있게 만드는 중요한 단서를 제공한다.

> 윤철은 정우에게 "잘가 마마보이, 엄마한테 전화 올라, 빨리 가라. 마마보이 빨리 가라"라고 말한다. 정빈도 옆에서 "늦게 오면 엄마한테 전화 오니깐 가라"라며 거든다. 윤철과 정빈은 정우에게 비아냥거리는 어투로 반복해서 말한다. 그렇지만 정우는 어떤 반응도 하지 않고, 골대에 기대어 아이들이 축구하는 모습을 물끄러미 지켜볼 뿐이다.

- 본원 초등학교 운동장 참여관찰

윤철은 정우에게 자주 "머저리, 관심종자, 빵셔틀, 마마보이"라고 놀리지만, 정우는 이에 대해 어떤 반응도 하지 않는다. 정우에게 이는 사소하고 하찮으며 무시해도 좋은 일상이 되고 있기 때문이다. 정우는 '노는 아이들'의 집단에서 신체가 큰 편이지만 조롱과 갈취의 대상이다. 이는 정우가 아이들의 폭력적 행위에 대해 어떠한 대응도 하지 않는 수동적인 태도로 인해 빚어진 것이라고 볼 수 있다. 아이들에게 정우는 마치 소인국의 걸리버처럼 어떠한 힘도 행사하지 못하는 무기력한 존재로 비춰진다. 아이들은 큰 체격을 가졌지만 어떠한 대응도 하지 못하는 정우를 향해 거친 말과 행동을 쏟아내는 것으로 자신들의 힘을 행사한다. 가끔씩 정우가 히스테릭한 반응을 보여 아이들을 놀라게도 하지만 그것은 지극히 드물게 일어나는 현상이다. 아이들에게 정우는 자신들이 화가 날 때마다 언제든지 때릴 수 있는 샌드백과 같은 존재이다.

(2) 피해의식

폭력의식과 마찬가지로 피해의식도 다양한 통로와 경험이 축적되어 형성된 것이라고 볼 수 있다. 최근 학교폭력 가해자와 피해자 구분의 불분명하다는 점에서도 알 수 있듯이, 폭력의식과 피해의식은 완전히 분리될 수 없다.

> 주문한 음식이 나오는 동안, 윤철과 민한이 옆자리에 앉아 가위바위보로 뺨때리기를 하는 게임을 한다. 윤철은 이길 때마다 자신의 온 힘을 다해 때리며 욕까지 한다. 그러나 민한이 이길 때에는 윤철과 달리 조심해서 뺨을 때린다. 시간이 지날수록 민한의 얼굴은 벌겋게 상기된다.

- 참여관찰

정빈과 마찬가지로 민한 또한 초등학교 때 빵셔틀을 했다. 특히 민한은 노는 아이들의 집단에서 자주 신체적 공격의 대상이 된다. 그러나 민한은 아이들이 같이 놀아주는 것만으로도 다행으로 여길 뿐만 아니라, 심지어 윤철처럼 거칠고 폭력적인 아이가 자신과 놀아 주는 것에 대해 고맙게 여기기까지 한다. 가끔씩 또래들의 신체적 폭력에 의해 민한의 얼굴이 홍당무처럼 될 때도 있지만 “장난인줄 아니까 괜찮아요”라고 하며 대수롭지 않다는 반응을 보인다. 이는 마치 집단따돌림(bullying)이 힘의 불균형에 의해 일어난 공격이 만성적인 행동들로 구체화된 것(Olweus, 1993)과 같은 맥락에서 볼 수 있는 다른 입장과 같다. 말하자면 민한의 경우 자신에 대한 다른 아이들의 폭력 행위를 일상적 행위로 받아들이는 것으로 왜곡된 의식을 내면화시키며, '그래도 지금이 낫고 자신은 최선을 다하고 있다(또는 어쩔 수 없다)'라고 자신의 처지를 정당화시키는 것으로 가해의식과 다른 방향에서 피해의식을 키워나가는지도 모른다.

3 에필로그

'노는 아이들'은 또래집단 형성 단계에서부터 폭력성을 표출하였으며, 권력의 정도에 따라 폭력성의 정도도 달랐다. 또한, 또래문화의 폭력성은 권력을 소유한 특정한 아이들(소위 '짱' 그룹에 속한 아이들)의 권력 유지 수단으로 활용되었다. 이처럼 '노는 아이들'의 또래문화 속의 폭력성과 권력 형성은 주로 초등학교에서 중학교로의 전이의 시점에서 또래문화가 정착됨에 따라 나타나는 한 현상으로 보인다. 특히 학교생활에 부적응을 보이는 아이들에게 있어서 학교전이는 우정의 해체와 그로 인해 발생되는 긴장감을 일으키는 생의 사건으로, 이에 대응 전략이 '노는' 또래집단의 구성원이 되는 것이다. 왜냐하면 또래집단은 아이들에게 구성원으로서 안정적 지위를 제공하는 것으로 완전한 소외로부터 멀어질 수 있게 해주는 일종의 보호막 역할을 하기 때문이다.

그러나 이 또래집단은 다른 집단(또는 개인)의 공격으로부터 방패막 역할은 하지만, 정작 같은 집단 내의 구성원으로부터의 소외와 강압에 대해서는 무방비 상태에 빠져 있다. 예를 들면, 중학교전이 후 아이들은 학교 간 경계를 넘어 짱의 역할을 하는 '일통'과 단위학교 내지 학급의 짱인 '대가리', 이들의 통제를 받는 '빵셔틀, 찐따, 병신, 머저리, 찌질이'와 같이 또래집단 내에서 서열 및 권력 위계화를 형성한다. 이러한 서열화는 또래문화 속의 폭력성을 통해 권력으로 창출하는 것으로, 위치를 유지 또는 존속시키는 재생산적 특성을 나타낸다. 특히 짱의 위치에 있는 아이들과 이를 추종하는 아이들은 초등학교에서의 억눌린 위치에 있던 아이들을 재위치시키는 것으로 자신들의 폭력성을 표출하며, 다양한 힘을 행사하는 것으로 자신들의 권력을 재생산한다.

그리고 폭력의식 또는 피해의식을 통해 폭력적인 권력이 정당화되어가는 것을 볼 수 있다. 권력을 가진 아이들은 폭력적 행위를 습관적으로 행하는 것으로, 피해자인 아이들은 이러한 폭력에 대해 어떠한 대응도 하지 않는 것으로 폭력을 일상적 행위로 받아들인다.

그러므로 아직은 초기 단계에 있는 '노는 아이들'의 폭력적인 또래문화를 사전에 차단·예방할 수 있는 실질적인 방안이 모색될 필요가 있다.

우선, 아이들의 또래문화에 대한 교사(및 성인들)의 적극적인 관심과 개입이 필요하다. 특히 비교적 고정된 또래집단이 형성되는 초등학교 고학년 아이들의 우정 네트워크 특성에 주의를 기울일 필요가 있다. 우정 네트워크는 사회적 특성을 가지며, 사회적 존재로서 자아를 형성하며, 사회적 구성원으로서 공유해야 할 가치를 습득하고 이해하는 데 기여한다(오경희, 2012). 따라서 초등학생을 대상으로 '우정'에 관해 고민할 수 있는 다양한 장을 마련할 필요가 있다. '우리는 서로에게 어떤 친구가 되어야 하는지, 그렇게 되기 위해서 우리는 서로를 어떻게 이해하며, 어떤 방식으로 우정 네트워크를 형성해야 하는지'에 대해 서로 이야기할 수 있는 토의의 장을 학년을 중심으로 적어도 한 학기에 한 번 정도 개최하는 것이 필요하다.

다음으로, 교사들은 중학교전이를 전후하여 아이들의 사회 · 심리적 변화에 주의를 기울일 필요가 있다. 학교전이로 인해 어떤 불안감을 갖고 있으며, 이러한 불안감을 어떻게 해소할 수 있을지 그리고 건강한 또래관계를 형성하기 위해서는 서로 어떤 노력이 필요한지에 대해 이야기할 수 있는 장을 제공하는 것으로, 변화에 대처할 수 있는 다양한 의견들을 공유할 수 있도록 배려할 필요가 있다. 이러한 방법과 더불어 또래멘토링을 활용하는 방식을 적극 활용하여 스스로 방안들을 찾아나갈 수 있도록 기회를 제공해 줄 필요가 있다.

마지막으로, 아이들의 학업에 대한 스트레스를 해결할 수 있는 다양한 방안들이 모색될 필요가 있다. 다양한 동아리활동과 같은 공동체활동을 활성화하여 아이들의 또래와의 건전한 관계를 형성하며 함께 미래를 디자인할 수 있는 소통의 장을 제공하는 것이 필요하다. 예를 들면, 또래와의 꿈 나누기를 통해 자신들의 미래를 구체적으로 디자인하고 이를 실천하기 위한 방안들을 서로 공유하는 것으로 건전한 또래문화가 자연스럽게 구축될 수 있도록 하는 것이다. 그러나 현실적으로 어떠한 방안이 모색되더라도 아이들의 학업에 대한 스트레스는 학업을 통해 해결되지 않는 한 실제적인 효과를 거두기는 힘들다. 따라서 수업을 중심으로 배움과 돌봄이 일어날 수 있는 공동체적 수업이 제공될 필요가 있다. 말하자면 '배움'과 '돌봄'이 함께 살아있고 진정한 만남이 이루어지는 공동체적 수업이다[4].

이러한 제안들은 기본적으로 초기 또래집단의 형성의 중요성을 드러낸다. 예방은 대책을 넘어서는 대책이다. 어떤 일이 벌어지기 전에 사전에 더 많은 관심과 노력을 기울인다면 그보다 효과적인 대책은 없다. 이러한 맥락에서 적어도 '노는 아이들'의 또래집단이 폭력적인 또래집단이 아니라, 건전하게 잘 노는 아이들의 또래집단이 될 수 있도록 또래집단에 대한 교사들의 지속적인 관심과 돌봄의 자세가 중요하다. 이는 기본적으로 아이들의 인권뿐만 아니라 놀 권리를 보장하는 한 방안이 될 수 있다.

---

4) 이에 관한 구체적인 설명은 제 3부에 수록되어 있다.

Chapter 03

흡연또래문화의 형성과 특성

현재 청소년 흡연은 더 이상 새로운 사실이 아니다. 이는 흡연이 특정 청소년들만의 전유물이 아니라는 것을 의미한다. 일반적으로 흡연하는 청소년을 비행 청소년 또는 문제 청소년으로 인식하는 경향이 있으며, 일명 '노는 아이들'의 전매특허처럼 불리기도 한다. 그러나 이 시기의 아이들에게 흡연 행위는 남자로(혹은 여자로), 친구로, 집단의 구성원으로, 그 외 또 다른 의미의 존재로 살아가는 법칙을 터득하기 위한 '관계적 도구'일지도 모른다. 청소년기의 흡연 행위는 신체적·정서적 측면에서의 부정적인 영향뿐만 아니라, 과도기적 발달과정에서 개인과 집단 내·외에 존재하는 다양한 조건들과 환경과의 관계 속에서 변화와 갈등을 일으키는 요인으로 작용할 수 있다. 그럼에도 불구하고 여전히 '노는 아이들'로 불리는 청소년의 흡연 행위는 더 자극적이며 위협적인 존재로서 인식될 가능성이 크다. 실제 '노는 아이들'로 불리는 청소년들은 흡연 행위를 상식적인 윤리와 도덕의 정확한 경계에 두지 않으며, 습관적인 상호작용의 행동유형으로 일상화하고 있다(오경희·한대동, 2014).

이 장에서는 소위 '노는 아이들'이라 불리며 흡연이 일상이 되고 있는 청소년기의 남학생들을 대상으로 '흡연이 일상화됨에 따라 흡연이 또래문화와 청소년의 삶과 어떤 관련성을 가지는지'를 드러내고자 한다. 청소년기 남학생들의 흡연 행위를 또래문화 속의 삶과 관련하여 파악하고자 하는 것은 보다 실재적이며 근원적이고 장기적인 흡연 예방 및 대책이 될 수 있는 정책 및 프로그램 개발을 위한 기초자료가 될 수 있다.

I 흡연의 사회심리적 특성

1) 흡연 일상 사회화

청소년기의 남아들은 흡연을 마치 사회적 규범에 잔잔한 파도를 일으키는 도구로 사용하며, 흡연 자체로부터 오는 긴장감을 유희로 삼는 것처럼 보인다. 이들에게 흡연은 거부할 수 없는 체험으로 일상이 되어버린 체화된 습관이며 관계와 시간을 성형화하는 일종의 도구이기도 하다. 흡연이 일상이 되어 버리는 것은 무엇보다 또래들과의 유기적 또는 발생적 관계 형성에 도움이 되기 때문이다. 비록 흡연의 동기가 주변의 권유와 당사자의 호기심에 의한 것일지라도, 이를 삶의 일부로 받아들이게 된 근원적인 배경에는 일상생활과 학교생활의 분리로 인한 스트레스가 주요 원인 중의 하나이다. 학교생활에서 이들은 흐르는 시간 속의 정지된 존재이자 잊혀진 존재로, 누구에게도 관심의 대상이 되지 못하는 붙박이장과 같이 정지된 존재일 뿐이다. 이때 이들에게 일종의 보상과 처방의 기능을 하는 것이 흡연이다. 흡연은 이들에게 잃어버린 시간에 대한 스트레스(학교생활)와 분리된 두 세계(학교생활과 일상생활)로 인해 발생된 불안정한 상태를 어느 정도 진정시켜주는 역할을 한다.

(1) 유기적 사회화: 관계

아이들이 흡연을 시작하게 된 시기는 초등학교 고학년에서부터 중학교에 이르는 그 시점이다. 주로 친구, 선배, 가족 등의 권유와 호기심에 의한 수락에서 시작된다. 그런데 흡연에 영향을 준 이들을 보면 가장 가까이에서 자주 접하게 되는 인물들이다. 즉, 비교적 지속적인 만남이 가능하고 '우리'라고 할 수 있는 범주에 속할 수 있는 친밀한 관계를 유지하고 있는 주변 인물이다.

> 이진혁: 보필이 때문에… 보필이 집에서 같이 잔다고 같이 가고 있었는데 보필이가 피우기에 한 번 펴볼래? 물어봐서 한번 펴봤는데 그때부터 했어요. 중학교 중간정도… 중학교 여름방학 때쯤에…
>
> 김준성: 선배들이랑 놀 때부터… 선배들이 담배를 다 펴요… 중학교 들어왔을 때부터 폈어요… 선배들이랑은 동네에서 원래 친해가지고요. 애들은 애들끼리 놀고 저는 선배들 따라 계속 다니고… (형들이) '펴볼래?' 해가지고. 다른 형들은 피게 하지 말라고 하는 형들도 있고요. 원래 다 배우는 거라고 하며 가르치는 형들도 있고요.
>
> 박정우: 중학교 2학년 때부터. 친구들이 피는 게 맛있어 보여서 신기하기도 하고…, (그래서) 친구 따라… 동네친구 따라…(피웠어요).
>
> 윤후진: 모르겠어요. 좀 오래 됐어요. 초등학교 때 피긴 했어요. 그냥 친구들이랑 같이… 아는 형들이랑 집에 놀러갔는데. 아는 형들이 피길래… 기억이 안나요.
>
> 이상윤: 6학년 때부터 피기 시작했어요, 다른 것은 잘 몰라요.
>
> 정보필: 6학년 때부터… 누나, 누나가 ㅋㅋ… 사줬는데요… 누나한테 사달라고 하면 사주는데요.

어떤 행동이 습관화되기까지는 지속성을 유지해야 하는데, 이러한 지속성은 주로 본인의 의지와 주변의 적극적인 지원과 관심에 의해 가지게 된다. 이러한 맥락에서 남아들의 흡연습관은 어쩌면 당연한 것일지도 모른다(비록 부정적인 관심일지라도). 평소 우호적인 관계를 맺고 있는 친구, 선배, 후배, 가족 등의 적극적인 지원과 관심, 본인들의 흡연에 대한 호기심은 시간이 경과함에 따라 자연스럽게 일상생활의 일부가 된 것이다. 특히 보필의 경우를 보면, 흡연하는 누나의 권유에 의해 6학년부터 흡연을 시작했으며, 누나는 그 이후로도 보필의 담배 공급처 역할을 해 오고 있다. 이로 인해 보필은 흡연을 지속하는 데 별로 어려움이 없다. 오히려 주변 또래들의 지속적인 흡연에 도움을 주고 있다.

(2) 자발적 또래사회화: (잃어버린) 시간

남아들에게 흡연은 겉으로는 폼생폼사(일명 '가오잡기')를 위한 것으로 보이지만, 실질적으로는 학교생활에서 오는 스트레스 해소 수단이 되는 것으로 보인다. 이들에게 학교생활은 반은 수면 시간이고 반은 유체이탈의 시간이라고 해도 과언이 아니다. 따라서 이들은 방과 후, 학교 밖의 생활에 더 의미를 둔다. 그러나 이들 역시 학생이라는 사회적 신분과 학교라는 사회적 공간에서 진정한 존재감을 갖기를 원한다. 단지 이미 잃어버린 시간을 만회할 수 있는 통로를 찾지 못하고 있을 뿐이다.

현재, 이들의 일상은 자기 상실의 세계라고 할 수 있는 학교생활과 새로운 긴장감이 생성되는 학교 밖의 생활로 나누어진다. 특히 여기 '노는 아이들'의 경우, 학교생활은 존재감마저 흡수되어 버린 자기 상실의 시간이 되고 있다. 따라서 이들이 학교 밖 생활에 더 의미를 두는 것은 이러한 자기 존재감을 드러내고자 하는 열망이 포함되어 있다고 할 수 있다. 이때 흡연은 존재감을 드러내는 가장 강력한 수단의 하나로 사용된다. 일반적으로 청소년기 남아들에게 담배는 혐오의 상징물이기보다는 선망의 상징물이 되어 왔다. 이 시기의 남아들은 성인으로부터 독립하여 성숙된 남성으로서 자아를 표출하고자 하는 의도가 강하다. 흡연 행위는 이러한 남아들의 열망을 어느 정도 충족시켜주는 수단적 역할을 하는 것으로 보인다. 왜냐하면 남아들은 성인 남성의 거친 이미지로 자신들을 포장하고 싶어 하는데, 흡연이 이를 충족시키는 가장 적합한 도구라고 보기 때문이다.

채승연: 스트레스 받을 때 담배 많이 피게 돼요. 학교 가는 게 제일 스트레스예요. 구체적으로 말하면, 아침에 일어나는 것도 스트레스예요. 학교가 제일 스트레스예요.

김준성: 스트레스 받아서 기분이 좀 안 좋으면 담배를 펴요.... 무단결석은 아닌데요, 다른 선생님이 무단결석으로 다 끄어가지고 선생님한테 말했더니 못 바꾼다고 해가지고... 그때 병원 갔다가 온 건데... 담임선생님한테는 얘기했어요.... 징계는 준다고 했는데 지금은 모르겠어요. 이때 뒤에서 욕하거나 담배를 피

거나 해요.

윤후진: 수업시간에는 자요. 4시간 정도 자요.... 계속 자면 재미없잖아요... 깨어있어도 수업 안 들어요. 다 놀아요. 내 짝지랑 뒤에 있는 애랑.

'왜 담배를 피우는지?(피워야만 하는지?)'에 대해 질문을 하게 되면, 아이들은 시간에 따라 다른 대답과 반응을 보인다. 주로 즉각적으로 반응할 경우는 '몰라요, 그냥요'라고 대답하거나 '가오잡기 위해서요'라고 대답하는 경우가 많다. 그러나 좀 더 시간을 두고 고민해서 대답할 경우에는 '스트레스 풀기 위해서'라고 한다. 그리고 이들이 '가오잡기 위해서'라고 대답할 때는 장난스러운 어투와 어깨를 들썩이며 대수롭지 않은 듯한 제스처를 취한다. 이는 마치 성인 남성의 남성다움을 과시하는 몸짓을 모방하는 것처럼 보인다. 이러한 행위는 학교생활에서 탈중심화된 존재감을 흡연 행위를 통해 성인 남성의 터프함과 동일시하려는 것으로 이해된다. 그러나 질문이 보다 구체적이고 심층적으로 이루어질 때, 아이들의 대답은 한결같이 '스트레스 풀기 위해서'라고 말한다. 이들의 스트레스의 원천은 학교생활로부터 온 것으로, 특히 아침에 일찍 일어나야 하는 스트레스, 교사의 불신으로 인한 스트레스, 수업의 지루함을 견뎌야 하는 스트레스 등이 제일 크다.

이러한 맥락에서 아이들에게 흡연 행위는 단순히 모방이나 동일시의 차원을 넘어선 학교생활에 대한 자기 방어적 또는 자기 처방적 수단의 하나로 보인다. 특히 이러한 반응이 집단적 성격을 취한다는 점에서, 집단 상황에서 '표준적'이라고 판단되는 방법으로 정의된다는 점에서 그리고 또래집단과의 관계 속에서 사물을 인식하고 이해하는 방식을 취한다는 점에서 이들 남아들의 흡연 행위는 '자발적 또래사회화'의 특성을 가진다.

2) 흡연 일상의 양면성

Christian Lalive d'Epiny에 의하면 일상은 반복적이고 예견할 수 있으며 진부하고 이미 알려진 '상궤의 영역'과 독특하고 예견할 수 없고 특별히 주목되는 미지의 '사건의 영역'이 변증법적으로 경험되는 장소라고 설명한다(Maffesoli & Lefebvre, 1994/2002: 28). 청소년기 남학생들에게 일상이 되고 있는 흡연 역시 비록 희미하지만 이와 같은 두 의미의 장을 형성하는 것을 볼 수 있다. 예를 들면, 일상화되어 대수롭지 않은 일이 되어 버린 흡연의 '상궤의 영역'과 흡연에 대한 교육적(또는 가정적) 대응에 대한 '불안정의 영역'을 볼 수 있다.

(1) 상궤의 영역

아이들에게 흡연은 또래들 간의 일상을 공유하는 중요한 매개적 역할을 한다. 즉, 서로간의 유대감을 형성하는 의식적 활동이자 놀이이며, 특히 이들 '노는 아이들'에게는 학교생활로부터 오는 무료함과 스트레스를 해소하는 수단 중의 하나이다.

> 오후 6시쯤 S 초등학교 운동장에 있는 미끄럼틀 근처에서 호빈이 담뱃불을 급히 밟고 나왔다. 호빈에게 보필이 보이지 않는다고 하자, "보필이, 저 미끄럼틀 밑에서 담배 피워요"라고 애들이 일러준다. 미끄럼틀 사이로 희미한 불꽃이 깜빡거렸다. 오래지 않아 보필이 우리 쪽으로 다가왔다. 대수롭지 않는 듯이 "언제 피는 담배가 제일 맛있니?"라는 연구자의 질문에 보필은 "저녁 먹고요"라고 하고는 곧이어 "모닝담배도 꼭 피워요"라고 덧붙이며 웃는다.

- 참여관찰

> 내 옆으로 한 고등학교 남학생들이 준성의 이름을 부르며 다가왔다. 그는 '대리'라고 하며 정우를 불렀다. 세 명은 무엇인가 이야기를 나누더니 운동장 구석진 곳 나무 뒤로 갔다. 나무 틈 사이로 세 명이 피우는 담배 연기가 자욱이 피워 오른다.

- 참여관찰

성진혁: 아이들은 일주일에 한 갑 피는데요. 저는 많이 안 피는데요. 저는 일주일에

한 갑도 안 피는데요. 애들 같이 있어도 많이 안 피는데요. 한 갑이 있으면 다 나눠서 피니깐...

감준석: 점심때와 저녁 때 2개 정도 폈어요, 주로 밖에서 친구들이랑 같이 펴요.

평균적으로 일주일에 한 갑 내지 그 이상을 피우는 아이들에게 담배는 중요한 기호식품이라고 할 수 있다. 아이들이 흡연을 하게 된 동기가 단순한 호기심이나 자기 방어적 또는 자기 선택적 사회화에 연유된 것일지라도, 흡연을 일상화하게 된 데에는 현실로부터의 도피와 무관하지 않다. 비록 '노는 아이들'의 일상이 주로 학교 밖의 생활을 중심으로 이루어진다고 할지라도, 이들의 삶 자체는 학교생활의 연장선상에 있으며, 이들의 행위 자체는 학교생활과 분리될 수 없다. 말하자면, 이들의 생활 공간이 주로 학교생활에서 학교 밖의 생활로 전이되었다고 해서 두 생활 공간이 단절되지는 않는다는 것이다. 왜냐하면 일상은 현재와 미래, 여기와 저기에서 일어나는 실천적 행위와 의식의 역동적 관계로부터 일어나기기 때문이다. 따라서 이들의 실질적인 일상인 학교 밖의 생활 역시 '어떻게' 또는 '왜'라는 질문을 던질 때, 그 질문에 대한 단서를 찾기 위해서는 학교생활에 대한 이들의 이해를 바탕으로 찾아야만 한다.

(2) 불안정의 영역

흡연은 심지어 '노는 아이들'에게조차도 자아의 흔들림을 경험하게 하는 매개적 역할을 할는지도 모른다. 흡연은 학교로부터 일어나는 어떠한 경험도 중요하지 않고 두려울 것 같지 않은 이들 '노는 아이들'에게조차 삶의 흐름에 틈을 가져오며, 의식이 산산이 갈라지는 듯한 두려움을 경험하는 순간을 맞닥뜨리게 하기 때문이다. 예를 들면, 흡연하는 것이 발각되어 학교폭력위원회나 징계위원회와 같은 처벌을 내리기 위한 일련의 과정들이 진행될 때, 그 과정에서 일어나는 행위들로부터 아이들은 심리적 혼란을 겪는 경험을 한다.

이상윤: 나쁜 짓해서... 나쁜 짓해서 걸렸어요. 진혁이랑 저랑 구철이랑 세 명요.... 그냥 학교폭력 등으로. 담배 피다가 걸렸어요.

오후에 연구 참여자들이 다니는 교문 앞으로 갔다. 막 하교하는 학생들 사이에서 상윤을 만났다. 여러 가지 이야기를 하는 중에 "오늘 학교에서 '담'(옆에 다른 사람이 있어 담배를 담이라고만 말함)하다가 걸렸어요. 수업 마치고 학교 밖에서... 담임한테... 진혁이랑 저랑 후진이랑"이라고 이야기를 한다. 그때 상윤 주변에 서성이던 준서가 "가자! 안 오나?"라고 하며 상윤에게 빨리 오라고 재촉한다. 준서 주변을 둘러싸고 있는 아이들 중 보필이 "근데 상윤이 담배 피다가 걸린 거 말한 것 같던데 그니깐 쌤(연구자)이 물어보지"라고 말하자, 영식이가 "저런 데서 말하지 마요"라고 연구자에게 짜증난 목소리로 소리친다. 그러자 보필이가 "저 아줌마 우리 고모랑 친해요. 좀"이라며 작은 소리로 비밀스럽게 말을 건넨다.

- 참여관찰 및 인터뷰

편의점 앞에 한 무리의 아이들이 어정쩡한 자세와 심각한 표정으로 이야기를 하고 있다. "후진이 니 이름 들키면 우리 이름 팔지 마레이. 그러면 족보에서 쫓겨나는 거지." 창민과 보필은 후진에게 편의점에서 혹시 담배 사다가 들키더라도 절대 친구의 이름을 대지 말라고 재차 강조한다. 이어 보필은 이전에 슈퍼에 간 경험을 늘어놓기 시작한다. "난 내 카드 있는지 보려고 들어갔어. 갔는데 아줌마가 내 신분증 좀 보자고 하는 거야. 그리고는... 나는 '아줌마, 살이 빠져서 그래요 살이 빠져서요'라고 했지. 그때 난 하마터면 말을 더듬을 뻔 했다"라고 하며 당시의 불안했던 상황을 설명한다. 그리고는 "난 하다가 말 더듬을 것 같았다. 나는 말을 잘 못한다 아이가"라고 마치 안도의 한숨을 쉬는 듯이 말한다. 옆에 있던 영식은 "개쩌린다. 207동. 207동. 후진이 니 걸리면.... 개쓰레기 죽이네. 개죽음. 생매장"이라고 말하고는 모두들 그 다음 부모님한테...."라고 말을 얼버무린다.

- 참여관찰

이영식: 신고하는 애들한테는 (셔틀)안 해요... 그럼 선생님이 불러내서... 그럼 학교 폭력 위원회 열려서... 근데 저 2번 걸려서... 한 번 더 걸리면 학폭위 열린다고 했어요... 부모님 오라고 하잖아요... 준성이가 제일 많이 (학폭위) 불려갔을걸요... 진술서랑 이런 거 막 쓰라고 하고.... 불쌍하잖아요... 부모님이...

아이들에게 처벌은 일상의 한 이벤트처럼 자리 잡고 있지만, 때로는 예측하지 못한 외적인 영향으로 인해 두려움을 갖게 하는 한 양식이다. 보필을 제외한 아이들은 흡연으로 인해 한 번 이상의 처벌받은 경험을 가지고 있다. 이들은 처벌과 관련하여 이야기할 때 주로 양가적 반응을 나타낸다. 하나는 일상생활처럼 무덤덤한 반응을 보인다. 일반적으로 '노는 아이들'은 다른 또래에 비해 학교처벌에 있어 자주 거론되거나 대상이 되고 있다는 점에서, 처벌과정에서 어떤 일이 일어나고, 심지어 그 결과까지도 예측할 수 있다는 점에서 일상의 소소한 일처럼 여긴다. 그러나 그 반대의 양상을 드러내기도 한다. 이 경우는 예측하지 못한 사건에 휘말리게 되면서 일어나는 것으로, 예를 들어 학폭위(학교폭력대책자치위원회)가 열리는 것이 있다. '노는 아이들'에게 가장 기피하고 싶은 것이 학폭위이다. 이는 학폭위 자체에 대한 두려움이라기보다는 학폭위가 열리는 과정에서 일어나는 학부모 호출과 관련이 있다. 아이들은 부모 호출에 대해 민감한 반응을 보인다.

이제까지 단순히 교사에 의해 처벌 또는 징계를 받던 방식과 달리, 마치 법정을 재현한 듯한 형식을 취하는 학폭위 과정에서 미처 예측하지 못한 가족 연대 책임을 묻는 듯한 절차는 아이들에게 충격적인 사건으로 다가오기 때문이다. 실제로 아이들에게 처벌 그 자체는 자신의 신체적 강제나 소외를 경험하는 것으로 이미 평범한 일상이 된지 오래다. 그러나 처벌을 결정하는 과정에서 열리는 학폭위는 학부모 호출과 같은 가족 연대적 책임을 묻는 것이 포함되어 있다. 아이들은 자신들의 마지막 보루로 여기던 가족에게서조차 소외를 경험할 수 있다는 불안을 가지고 있으며, 그 불안의 근원은 무엇보다 학폭위 과정에서 부모님의 기대가 실망과 탄식으로 바뀌어 가는 모습을 직접적으로 대면해야 한다는 점에 있다. 그 곳에서는 결코 경험하고 싶지 않은 부모에 대한 연민과 죄책감이라는 감정을 피할 수 없기 때문이다.

아픽 사례에서 영식은 스트레스 때문에 흡연한다고 당당하게 밝힐 만큼 사회적 시선에 별로 개의치 않는 성격이다. 이러한 성격으로 인해 일탈적 행동을 반복적으로 일으키며 그만큼 잦은 처벌의 경험도 가지고 있다. 또한 영식은 부모에 대한 불만이 많은데, 그 이유는 부모의 관심 부족과 적은 용돈(다른 아이들 용돈의 약 1/5~1/3 수준)에 있다. 그럼에도 불구하고 영식은 학폭위가 열리는 것을 가장 두려워한다. 그는 이전에 학교폭력과 관련하여 학폭위에 회부된 적이 있는데, 당시 부모님이 호출되어 조사서를 쓰게 된 적이 있다. 이 사건으로 인해 영식은 부모님이 자신을 믿지 않을 것이라는 생각을 가지게 되었다. 즉, 영식의 입장에서 학폭위는 곧 부모로부터의 소외를 경험하게 만드는 기제이다. 이러한 맥락에서 흡연은 이전의 안정적인 일상을 언제든지 흔들 수 있는 불안정의 영역이며, "예견할 수 없고 특별히 주목되는 미지의 '사건의 영역'이 변증법적으로 경험되는 장소"(Maffesoli & Lefebvre, 1994/2002: 28)라 볼 수 있다.

2 흡연의 사회관계적 특성

1) 흡연의 폭력 징후

청소년 흡연은 그 자체가 폭력적 행동을 유발한다기보다는 폭력적인 상황들을 이끄는 요인이 된다는 점에서 교육적 관심의 대상이 된다. 청소년들의 흡연이 일상생활의 중요한 일부가 된다는 것은 흡연이 반복적으로, 습관적으로, 친숙하고도 순환적인 행위로 일어나는 것을 의미한다. 이는 자칫 흡연으로 인해 발생할 수 있는 폭력 행위가 흡연이 일상화되는 것과 같이 일상의 비이성적 행위의 순환적 지속성을 가질지 모른다는 우려를 가지게 한다. 이 경우 폭력 피해자는 비자각적이며 비합리적인 자세를 취하게 되고, 폭력 가해자는 자기 합리화에 대한 강박관념을 강제함으로써 오히려 폭력에 대해 무감각해질지도 모른다. 그런데 이러한 우려가 현실화될 가능성을 '노는 아이들'의 흡연과 관련하여 일어나는 폭력적 징후를 통해 발견할 수 있다.

(1) 부당거래

아이들은 담배를 주로 친구, 선배, 누나(친누나 또는 아는 누나)로부터 대리 구매하거나, 주민등록증을 빌려서 구매하거나, 주민등록증을 (여러 통로를 통해) 구입해서 위조하는 것으로 담배를 구매한다. 특히 유치원 또는 같은 동네에 살면서 이전부터 알고 지내는 누나(친구나 제외)나 선배도 있지만, 단지 담배 거래를 위해 의도적으로 또는 일시적으로 형성된 관계이기도 하다.

> 아이들은 빵집에서 연신 담배를 피기 위해 들락거린다. "너희들 담배 어떻게 구해?"라고 질문하자, 상윤은 "구할 데는 많다. 그치 ㅋㅋㅋ"라고 하며 웃으며 다른 친구들의 얼굴을 쳐다본다... 약간의 머뭇거림이 지나간 뒤 정우는 "아는 누나들한테 사달라고 해요. 그 누나들은 형들이랑 같이 놀던 누나들인데, 부탁하면 사줘요"라고 무심한 듯 말한다. "누나들하고 자주 만나니?"라고 묻자, "담배 피고 싶을 때... 누나들하고 만나요. 만나는 게 정해져 있지는 않아요. 전화하면은 만나가지고 사달라고 하면 사줘요"라고 한다. 보필은 귀찮은 듯이, 그러나 조심스럽게 "선배가 사 준다니깐요. 우리학교 선배... 중3..."이라고 답한다. 옆에 조용히 듣고만 있던 후진이 "아는 형아들한테서 구해요"라고 단호하게 말한다. "형들은 어디서 구해?"로부터 시작된 연구자의 연이은 질문에 후진은 중간 중간 약간의 쉼을 가진 뒤, "형아들은 어디 들어가서 사요. 필요할 때마다 형들한테 연락하는데... 형아들은 중3이거든요. 그 형아들이 어떻게 사는지는 몰라요. 사주면 3개(비)정도 줘요.... 필요할 때마다 형아들을 만나기는 하는데, 형아들이 달라져요. 모르는 형아들도 있어가지고... 아는 형아는 한 명인데 같은 유치원 다녔어요, 나머지는 그 형이 다 소개해 준 형아에요"라고 말한다.

- 참여관찰 및 집단인터뷰

> "너희들 담배 어떻게 구해?"라는 같은 질문을 가지고 다시 아이들을 만났다. 아이들은 2달 전(3월)보다 훨씬 성숙해져 있었고 학교 초와는 달리 편안해 보였다. "남의 민증(주민등록증) 가지고 사요" 후진이 들릴 듯 말 듯한 소리로 답한다.

- 집단면담

박정우: 민증(주민등록증)을 구해서 사요. 민증은 친구들한테 사거나 아니면 선배들한테 사요. 선배들이 민증 팔아요. 만 원 정도면 민증 살 수 있어요. 돈 있고 닮으면 쉽게 구할 수 있어요. 저는 옛날에는 가지고 있었는데 안 들고 다녀요.

담배 구입을 위해 주로 언급되는 '아는 누나'는 어릴 때부터 알던 형들이 같이 놀던 누나들이다. 선배도 직접적으로 아는 선배는 한두 명에 불과하고 나머지는 담배 구입을 위해 선배들이 알선해 준 선배의 친구들이다. 말하자면 담배 거래는 선배의 친구, 그 친구의 친구들에 의해 형성되며, 이들은 담배거래를 위해 일시적으로 형성된 사이다. 이들의 거래는 담배 구입을 대행해 주는 자와 이에 대한 댓가로 담배 몇 개비를 지불하는 자로 이루진다. 그리고 이러한 간접적인 담배 구매방식은 시간이 지남에 따라 직접적이고 보다 대담한 방식으로 변하게 된다. 예를 들면, 다른 사람들의 주민등록증을 빌리거나 훔친 주민등록증을 사서 그 위에 자신의 사진을 교묘히 붙이는 방식으로 주민등록증을 위조하여 담배를 구입한다. 이들에게 주민등록증은 담배 구입을 위해 반드시 필요한 품목이라는 점에서 매매 물건으로서의 교환적 가치를 가지고 있다.

(2) 갈취

갈취는 불예측성과 심각한 위험을 가진 협박으로 가장 공포스러운 범죄 중의 하나로 여겨지며, 14세에 시작하여 19세에 절정을 이룬다(Elliott, Hamburg & Williams, 1998)고 한다. 이 시기 아이들의 보편적인 폭력 유형 중의 하나가 갈취이며, 갈취는 다른 폭력과 마찬가지로 단순한 물적인 약탈을 넘어 상징적 가치를 표상하는 기능을 가진다. 남아들 사이의 갈취 행위 역시 또래들에게 자신의 힘을 과시하며 또래들 사이에서 자신의 지위를 나타내는 수단적 역할을 한다.

학교에서 때리는 건 별로 없고 돈 뺏는 게 좀 있어요. 진혁이가 많이 당해요, 형들한테 당해요... 얘가 제일 작잖아요. 그러니깐 만만하게 보는 거죠... (형들이)

> 돈이 나가는 데가 많으니깐 돈 뺏고.... 근데 그냥 초등학교 때부터 알아가지고... 우리는 큰 돈 안 뺏고, 천 원 이천 원만 뺏고... 불쌍하잖아요... 아... 불쌍하니깐... 천 원, 이천 원은 할 수 있으니깐...

- 집단면담

김준성: 싸운 적은 있고요. 끌려 간 거(교사에게 불려간 거)는 담배 빼고는 없어요. 1학년 때는 좀 많이 뺏었어요. 학교 애들... 이런 애들(함께 노는 아이들) 말고 그냥 모르는 애들... 모르는 애들한테 돈 달라고 하고... 얼마 있는지 물어보고 그냥 빌려 달라고 할 때도 있고요. 필요한데 좀 달라고 할 때도 있어요... 갚거나 그런 건 아니고?

> 아는 애들이라서 안 싸워요. 그냥 우리는 돈 뺏고 이런 거는 없어요. 그냥 달라고 하면 주던데요. 그냥 20만 원 모으라고 했어요. 박태현한테... 저희 반에 있어요. 박태현 착해요. 어떻게 모으는지는 잘 모르겠어요. 걔에게 달라면 걔가 모아서... 걔 집이 잘 살아요. 세 달에 한 번씩... 모아주면 그냥 감사하다고 하는데요. 걔는 안 괴롭혀요...

- 집단면담

정보필: 선배들하고 많이 펴요... 중간에... 같이 수업 째고... 그냥, 휴대폰 하다가 종 칠 때쯤에 들어가 있고, 선배들하고 많이 친해요... 한 달에 다섯 번 정도 만나는 선배들이 있어요... 같이 pc방이나 당구장에 가기도 하고 초등학교 운동장에서 주로 만나기도 해요. 거기에 가면 동생들도 만나기도 하고... 같이 담배도 피우고...

아이들이 비싼 담뱃값을 충당하기 위해서는 자신들의 용돈만으로는 부족하다. 이들 대부분이 같은 또래들에 비해 용돈이 적은 편은 아니지만, 이들의 소비가 다른 또래들에 비해 상대적으로 많은 편에 속하다 보니 늘 용돈이 모자라는 형편이다. 이들의 소비행태를 보면 주로 pc방, 당구장 등에서 또래 또는 선·후배들과 시간을 보내는 데 사용된다. 소비 품목은 각종 유흥비, 라면이나 음료수와 같은 식품비, 담배와 술 등과 같은 주류비, 의복 및 신발 구입비 등이다. 그 가운데 아이들의 지출에서 가장 많은 부분을 차지하는 것이 담배 값이다. 흡연을 많이 하는 것도 있지만 다른 비용에 비해 담배 값이 상대적으로 비싸기 때문이다.

이들도 가끔씩 금연을 시도하기도 한다. '짱'이 되는 아이가 금연을 제안하면 아이들은 이를 따른다. 그러나 대부분 오래 지속되지는 못한다. 이들 대부분은 매일 흡연을 하고 있고, 흡연을 하지 않을 경우, 정도의 차이는 있지만 다양한 금단 현상을 보이기 때문이다. 따라서 이들은 금연보다는 매번 흡연을 지속하는 것을 선택했으며, 담뱃값의 부족분은 또래나 후배로부터 돈을 뺏는 것으로 충당한다.

그런데 여기서 문제는 돈을 뺏는 쪽이나 뺏기는 쪽이나 이러한 현상에 대해 별로 심각하게 여기지 않는 데 있다. 돈을 뺏는 쪽에서는 '(본인들이 생각하기에) 적은 돈을 빼앗기 때문에, (갚을 생각도 없지만) 빌렸기 때문에, 알아서 주기 때문에' 등의 이유로 나쁜 행위라고 여기지 않는다. 심지어 이들은 다른 학생들의 형편을 고려해서 천 원 내지 이천 원 정도의 적은 돈만 빼앗기 때문에 돈을 갈취했다기보다는 오히려 상대방을 배려한 것이라고 갈취에 대한 자기합리화까지 한다. 게다가 이러한 갈취를 어떠한 저항도 없이 받아들이는 피해 아이들로 인해 갈취를 하는 아이들의 자기 합리화는 정당성을 얻는 것처럼 보인다. 이처럼 아이들의 세계에서 갈취는 사회 통제력으로부터 벗어난 일상적 행위가 되고 있다. 이로 인해 갈취 행위는 힘의 양식, 잔인성의 양식에 의해 움직이는 상황을 초래하며, 어떠한 폭발적 갈등도 일으키지 않은 채 점차 일상의 한 양식으로 자리잡고 있다.

다시 말해, 이들은 또래들 간의 암묵적 합의와 묵인 하에 갈취를 새로운 집합적 관행으로 받아들이고 있다. 만약 아이들이 갈취를 당연시 여기는 현재에만 시선을 고정시킨다면, 더 이상 반성적 사고를 하지 못하고 비논리적이고 모순적인 일상을 관계 유지를 위한 전략으로 인식할 가능성이 있다.

2) 흡연(또는 금연)의 가교적 역할

청소년 남학생 하위문화에서 터프함은 높은 평가 및 지위의 근원이 된다(Wolfgang & Ferracuti, 1982). 흡연은 청소년 남학생의 또래문화 속에서도 터프함, 지위, 권력을 상징하는 전략적 도구로서 사용되어 온 것을 볼 수 있다(Elliott, Hamburg & Williams, 1998). 그러나 최근에는 흡연이 다양한 질병의 원인이 됨에 따라 건강과 관련하여 의학적 측면에서 극복되어야 할 대상으로 여긴다. 특히 다양한 매체와 홍보물을 통해 이러한 인식은 더 고조되고 있으며, 이에 오늘날 흡연은 이제 더 이상 남성다움을 나타내는 터프함의 상징이기보다는 각종 질병을 유발하는 오염 인자로 점차 부각되고 있다.

이러한 사회문화적 현상이 흡연또래문화에도 비록 다른 방향이기는 하지만 어느 정도 영향을 미치는 것을 볼 수 있다. 예를 들면, 흡연을 터프함을 표상하는 강력한 도구로 여기거나 각종 매체를 통해 전달되는 강력한 질병유발인자로 극대화하여 인식하기보다는, 또래와의 절친한 관계 형성 및 유지를 위한 매개적 수단으로 활용하는 것을 볼 수 있다. 말하자면 청소년 남학생들은 흡연을 남성다움의 상징물로 보며, 강력한 질병유발인자로 보기보다는 또래관계 유지를 위한 한 양식으로 받아들이고 있다는 것이다. 이는 흡연과는 정반대편에 놓여있는 금연도 마찬가지라는 점에서, 흡연은 또 다른 의미에서 아이들의 세계에 강력한 영향력을 행사한다.

(1) 우정 매개체, 하나: 흡연을 통한 연대감

아이들의 세계에서 흡연은 의식되지는 않지만 동기나 행동 속에 어느 정도 잠재적인 의도와 가능성을 가진 행위이다. 예를 들면, 아이들이 흡연하기 위해 모이는 특정한 장소는 자신들의 경험을 공유하고 의미를 창조하며 동화가 일어나는 공간이다. 비록 이들이 흡연에 대해 '아무 생각이 없거나, 스트레스 풀기 위한 수단이거나, 끊어야 할 과제이거나'로 여기며 흡연 행위를 의식되지 않은 일상으로 여길지라도, 흡연 공간에서 이들은 우정이라는 특별한 정서적 연대감과 사회적 네트워크를 형성하거나 유지해 나간다. 이들의 행위는 의식되지 않았지만, 결코 의식이 없는 상태에서 일어난 것은 아니다.

> **이상윤:** 담배피고 있어요. 그냥 몰래 피고 있어요. 다른 애들도 다 펴요. 없을 때는 안 피지만…
>
> **정보필:** 한 반에 25명 중에 9명에서 10명은 담배 다 펴요. 우리들은 다 피고요. 주로 학교 마치고 피죠.
>
> **박정우:** 한 반에 10명 12명 정도(펴요)… 여자애들도 다 펴요… 화장실에서 담배피고 있으면 선도나 쌤이 와서 그냥 쌤에게는 맞고, 선도한테 걸리면 경위서 쓰고 또 피고… 선도는 누나랑 형들인데, 그들도 다 피죠. 학교에서도 펴요. 근데… 잡고 (그러니깐) 그 형들도 화장실에서 숨어서 피겠죠. 여자애들도 다 펴요.

아이들은 흡연 동기와 이유를 단순히 '호기심에 의해서, 모두가 다 하기 때문에' 한다고 언급한다. 그리고 이들의 흡연 장소와 행태를 보면 주로 은폐된 그들만의 공간이라고 할 수 있는 화장실, 놀이터의 놀이기구 뒤, 외진 골목길 등에서 '함께 모여서' 한다. 심지어 흡연을 많이 해서 금단현상이 일어나는 아이들조차도 혼자서보다는 '함께' 흡연하는 것을 선호한다. 이들에게 '함께'는 마치 흡연을 위한 특별한 일상적 조건처럼 보인다. 이들에게 '함께'라는 부사는 주로 '~하다'라는 행위를 이끄는 접사와 함께 사용되는 것으로, 집단적 공감을 형성하는 행위 앞에 붙는 정언적 명령의 의미를 가진다. 흡연 행위는 아이들에게 몰래 '함께' 하는 놀이이자, 사회적 금기를 '함께' 깨는 공범자로서 역할을 수행하는 것이며, '함께' 친밀한 관계를 형성하는 우정의 매개체로서 연대감을 형성하고 지속시키는 수단이다.

(2) 우정 매개체, 둘: 금연을 통한 연대감

아이들에게 금연은 흡연과는 다른 접근에서 — 억제 가치(deterrent value)로서 — 우정을 지속시키는 하나의 연결고리 역할을 한다. 흡연이 우정 네트워크를 지속시키는 연결고리인 것과 마찬가지로 금연은 흡연을 억제하는 것에 동참하는 것으로 그 네트워크를 유지한다. 또한 이들 또래문화 속의 금연 캠페인은 우정의 강력한 조직화를 보여주는 하나의 수단적 역할을 한다.

> **성진혁:** 오늘부터 안 하려고 하고 있어요. 민식이랑 저랑 후진이랑. 애들이랑 안 피려고 약속했어요. 담배 안 피워도 괜찮아요. 민식이가 먼저 피지 말자고 했어요. 후진이는 처음에 잘 모르겠다고 하다가... 상윤이도 끊을 생각이 있는 것 같은데 모르겠어요. 원래 후진이가 많이 피는데... 자기가 원하면 물어보고, 안 피는 애들 있으면 물어보고, 원하면 하고, 원하지 않으면 아무 말 안 해요.
>
> **윤후진:** 금연하기로 했어요. 이전에도 금연하자고 한 적 있어요. 애들은 좀 많이 갔는데 전 많이 못 갔어요. 2일가고 끝났어요. 다른 애들은 세달 정도. 금연하자고 한 적이 4번, 5번 있어요. 게임할 때 담배 생각이 제일 많이 나요. pc방에 흡연 부스 가서 담배 필 수(도) 있어요... 보필이는 담배 폈어요. 보필이만...
>
> **정보필:** 학교에서 우리 피는 거 다 알아요. 끊을 수는 없는 것 같아요. 민식이하고 끊었다가 다시 시작했어요. 그냥 끊자고 했다가 한 20일 끊었다가 다시 했죠. (웃으면서)길 가다가 (담배) 주웠어요. 길 가다가 주웠는데요. 근데 애들이 다 같이 있었어요. 주웠는데. 그걸 못 버리고 다 폈어요. 한 갑을 주웠거든요.
>
> **박정우:** 오늘부터 금연하기로 했어요. 애들 전부 다. 누가 주도해서 하자고 했는지는 잘 모르겠어요. 다 금연하자고 하면 다 금연해야 돼요. 근데 오늘 애들 몰래 2~3개비 폈어요. 준성이랑 몰래 폈어요. 애들 몰래 피죠.

흡연으로 형성된 우정을 지속적으로 유지하기 위해서는 흡연 또래문화의 공식화된 의견을 따라야 한다. 이들은 때때로 흡연 일상을 위협하는 금연의 문제를 제기하는 것으로 집단의 감정적 이해와 공감적 상황의 정도를 파악한다. 예를 들면, 아이들은 마치 사회의 흐름을 반영한 듯이 공식적으로 '미래를 위해서 또는 건강을 위해서'라고 외치며 금연 캠페인을 벌인다. 그러나 이들에게 금연은 흡연과 마찬가지로 일상적 사유로서 이중적 성격을 가진다. 왜냐하면 이들이 흡연(또는 금연)을 실행할 때 '그냥' 하는 것으로 보이지만, 실제로는 당연히 해야 하는 과제로 주어지기 때문이다.

금연은 주로 민식이 제안한다. 민식은 이 또래집단의 '짱'으로, 특별한 이유 없이 때때로 금연을 제안한다. 실제로 '폼생폼사'를 중요시 여기는 남아들에게 흡연이 남성다움을 과시하는 수단인 것처럼 금연은 또 다른 이미지 메이킹(image making) 수단이다. 현대에 와서 금연은 의식 있는 사람 또는 교양 있는 사람, 의지가 굳은 사람이라면 당연히 시도해야 하는 과제이고, 이러한 힘든 과제에 도전하는 것 자체가 남자답다고 남아들은 여긴다. 따라서 민식의 금연 캠페인은 반드시 금연이라는 목표를 달성하기 위한 것이라기보다는 의식 있는 남성임을 드러내는 표상이다.

아이들은 금연하는 이유를 "그냥, 건강에 안 좋으니까요, 나이 들어서 골병들기 싫어서요, 암 걸려요"라고 말한다. 따라서 민식이 '금연하자'라고 제안했을 때 아이들은 이를 일제히 받아들인다. 그러나 금연 행위를 강요하지도 체크하지도 않는다. 단지 '짱'인 민식이 주도하여 금연 캠페인에 동참하도록 요구하면 나머지 아이들은 찬성하거나 또는 약간의 머뭇거림은 있지만 결국 찬성하는 것으로 모두가 받아들인다. 민식이 '금연하자'라는 제안은 표면적으로는 금연 여부에 대한 선택의 자유가 주어지지만(흡연도 마찬가지), '함께'라는 의미가 포함된 활동을 하자는 뜻이라는 것을 아이들은 안다. 말하자면 금연하자는 말은 다른 아이들과 일을 공유하자는 의미를 지닌 것으로, 연대의식을 고취시키는 일종의 슬로건인 셈이다. 이 금연운동의 핵심은 '짱'인 민식을 중심으로 또래집단공동체가 잘 형성되고 있는지를 확인하는 것이다. 이러한 모습은 금연을 철회하는 과정에서도 나타난다. '짱'이 금연을 포기하는 시점이 금연이 철회되는 시기이며, 동시에 흡연이 우정 매개체의 역할을 다시 시작하는 시기가 된다. 즉, 아이들에게 흡연과 금연은 '함께'라는 연대의식을 유지 또는 고취시키기 위한 일상의 극적인 체험의 이벤트 중 하나로 이해된다.

3 에필로그

소위 '노는 아이들'이라 불리는 남자 중학생들의 흡연이 일상화됨에 따라 또래문화의 하위문화로 흡연문화가 정착되어가고 있는 것을 볼 수 있다. 이러한 흡연또래문화가 형성되는 과정에서 흡연과 또래문화 그리고 아이들 삶은 어떤 관련성을 가지는지를 살펴보는 것은 흡연 예방을 넘어 또래문화 그 자체에 대한 새로운 시각을 제공하여 진정으로 아이들을 위한 플레인 형성에 기여할 것이라 여긴다.

여기에서 언급되고 있는 중학교 2학년(2014년 당시)에 재학 중인 남학생 10명은 1장에서 언급되었던 아이들이 다수 포함된 것으로, 주로 방과 후 학교 밖의 활동을 주 무대로 삼고 있는 아이들이다. 이들은 모두 한 그룹의 남학생들로, 흔히 '노는 아이들'로 불리는 또래집단을 형성하고 있다. 이들의 일상은 주로 놀이로 이루어지고 있는데, 흡연도 이들의 일상의 일부이자 놀이의 한 형식으로 이루어지고 있다.

이 시기(청소년기) 아이들의 흡연 일상화는 또래문화와의 관련성 속에서 파악된다. 또래문화 속에서 아이들의 흡연은 기능적, 상징적 의미뿐만 아니라 소외로부터 벗어나기 위한 전략적 기능을 한다. 또한 '우리'라는 관계를 형성하기 위해서는 사회와 타자를 인식하는 방식을 배우는 것이 필요한데, 흡연이 사회적 관계 형성을 위한 수단적 기능을 한다.

그런데 사회적 관계 형성은 집단적 현실의 영향을 받으며, 이러한 현실의 지속적인 통제 속에서 이루어진다. 이로 인해 때로는 부정적 행위의 은폐를 강제하는 것으로, 때로는 이질적인 자신을 동질성을 갖게 하는 것으로 관계를 형성, 유지하려고 한다. 그리고 이러한 사회적 관계는 일상생활을 공유하는 것으로 경험의 접합점을 통해 유지되기도 하지만, 공유된 경험을 창조적으로 재형성하여 적응시키는 것으로 새로운 관계를 형성하기도 한다. 이때 일상생활의 공유를 통해 일어나는 집합적 경험은 보다 지속적인 관계 형성을 위한 윤활유 역할을 하는데, 이들 남아들에게는 담배라는 물질을 중심으로 사건화가 되는 흡연과 금연에 관한 운동이다.

아이들의 흡연에 대한 이러한 시도는 무엇보다 최대 피해자인 아이들을 위한 최선의 대안을 찾기 위함이다. 특히 아이들의 흡연문화를 이해하기 위한 노력은 아이들의 시선에서 그들의 문화를 보기 위한 것으로, 이는 성인들로 하여금 최선의 노력을 요구하지만 완전한 이해의 산물을 강요할 수 없는 부분이라고 할 수 있다. 그럼에도 불구하고 이러한 시도가 지속되어야 하는 것은 소위 '노는 아이들'로 분류되는 중학교 남학생의 흡연문화에 대한 이해와 함께 여러 상황 속에서 일어나는 다양한 학생 또래문화에 대한 특징적인 해석과 상호 작용을 이해하는 데 기여할 수 있기 때문이다. 설사 이해의 부족을 가져오더라도 적어도 청소년 흡연 문제의 다각적 논의를 이끌어내어 보다 실질적이고 적합한 예방 및 대책을 마련하는 데 있어 기초자료의 역할은 충분히 할 수 있다.

지금까지 기술한 3장의 내용을 정리하면, 소위 '노는 아이들'로 불리는 중학교 2학년 남학생들의 흡연문화는 초등학교 고학년에서부터 시작되었으며, 흡연이 일상화되는 중심에 또래문화가 있다는 것이다. 그리고 이러한 아이들의 흡연 일상화는 크게 사회심리적 특성과 사회관계적 특성으로 범주화될 수 있다.

먼저, 흡연의 사회심리적 특성으로는 흡연이 사회화 과정을 통해 전달, 유지되며, 흡연 일상은 양면성을 가지고 있다는 점이다. 흡연은 주로 주변의 친밀한 관계를 형성하고 있는 선배, 또래, 가족(여기서는 친누나)들로부터 영향을 받지만, 흡연의 지속성은 학교생활로부터 소외를 메우기 위한 자발적인 또래사회화에 의한다. 또한 흡연은 일상화되어 대수롭지 않은 일로 여겨지게 되는 '상궤의 영역'으로서의 특성과, 예견할 수 없어 특별히 주목하게 만드는 '불안정의 영역'으로서의 특성 모두를 가진다.

다음으로, 흡연의 사회관계적 특성으로는 흡연이 폭력의 징후와 가교적 역할을 한다는 점이다. 흡연의 폭력 징후로는 담배 거래를 위한 부당한 방식과 갈취를 통해서 볼 수 있다. 담배 거래는 누나 또는 선배를 통하는 간접거래의 방식과 주민등록증을 빌리거나 구매하여 위조하는 직접거래의 방식을 사용한다. 그리고 담배 구입을 위한 부족한 돈을 충당하기 위해 또래나 후배를 대상으로 돈을 갈취하기도 한다. 그럼에도 불구하고 흡연은 아이들의 또래관계를 유지하기 위한 전략적 수단이 된다. 흡연(또는 금연)을 우정을 형성·지속시키는 가교적 역할을 수행하는 수단으로, 흡연(또는 금연) 행위를 또래들과의 지속적인 관계를 유지하기 위해 '함께' 하는 연대의식을 고취시키는 수단으로 사용한다.

남아들의 흡연문화의 이러한 특성들은 다양한 시사점을 제공한다.

첫째, 흡연(또는 금연)으로 인해 발생되는 다양한 기능들과 그 사회적 맥락에 대한 구체적이고 다각적인 논의가 필요하다. 흡연에 의해 학교폭력이 초래될 수 있는 것뿐만 아니라, 학생들이 흡연을 또래간의 우정을 형성하고 지속시키는 가교역할로 여기고 있다는 점에서, 흡연 예방 및 대처를 위한 전략을 세울 때 개인적 또는 맥락적 영향에 의한 상호작용을 고려할 필요가 있다.

둘째, 흡연의 저연령화에 대한 보다 민감한 대처가 요구된다. 초등학생 시기에 흡연 경험을 가진다는 사실과, 흡연 경험에 영향을 준 사람이 가족, 친구, 선배 등과 같이 보다 우호적이고 지속적인 관계를 맺고 있는 주변 사람들이라는 점에서, 흡연이 아이들의 일상으로 침투되는 것은 어려운 일이 아니다. 또한 흡연에 영향을 미친 사람들이 곧 담배 구매의 통로 역할을 한다는 점에서, 단순히 흥미로 접하게 된 흡연 경험이 지속성을 갖게 되는 것은 어쩌면 당연한 것일 수 있다는 것이다. 여기서 중요한 점은 무엇보다 아이들이 흡연으로 인해 위험한 환경에 노출되거나 그러한 환경을 형성할 가능성이 있다는 점이며, 이에 대해 보다 민감하게 예의주시할 필요가 있다. 예방보다 더 좋은 대책이 없다는 말이 있듯, 흡연에 대한 예방교육이 전연령대(특히 부모교육 강화 필수)에 걸쳐 전방위적으로 일어나야 한다. 특히 저연령 아이들을 대상으로 지속적으로 이와 관련된 예방교육이 실시되어야 한다. 그러나 모든 교육이 그러하듯, 흡연과 관련된 예방교육도 아이들의 성장과 발달, 성별과 (인적,

물적) 환경에 맞는 프로그램이 다양하게 제공되어야 그 효과를 제대로 볼 수 있다.

셋째, 흡연 일상화를 깨뜨리기 위해서는 금연 프로그램과 함께 보다 긍정적 또래관계를 형성할 수 있는 다양한 방안의 모색이 필요하다. 현재 금연 관련 프로그램은 다양하게 실행되고 있으며 그 효과에서도 긍정적임을 보고하고 있다. 그러나 흡연이 또래관계를 형성·유지하는 매개적 역할을 한다면, 금연 프로그램만으로 흡연 일상화에서 벗어나기는 힘들다. 특히 부정적 요인을 기초로 또래연대감을 형성하고 있는 경우, 그 또래문화는 구성원의 암묵적 찬성과 허용적 분위기의 융합을 필수적 요소로 삼는 경우가 많다. 개별적 금연으로 인해 직접적으로 행동을 강제당하거나 위협을 전달받지는 않을지라도, 또래로부터의 소외를 경험할 수 있다는 점을 고려한다면 금연은 또 다른 형식의 폭력 대상자를 만들어 낼 수 있다. 따라서 학교는 교과적 영역에서 뿐만 아니라 비교과적 영역과 기능을 충분히 활용하여 긍정적 또래집단 형성을 위한 다각적 노력을 기울여야 한다.

넷째, 학교생활에서 수업을 통해 교사와 학생, 학생들 간의 연대의식을 고취할 수 있는 다양한 수업활동이 개발될 필요가 있다. 소위 '노는 아이들'로 불리는 아이들이 그러한 명칭으로 분류되기 시작한 것이 초등학교 고학년에서 중학교로 전이되는 시기이다. 그런데 흡연이 시작된 시기도 이와 유사하다. 수업에 대한 흥미 부족과 함께 지속적인 낮은 학업성취를 경험하고 있는 아이들에게 학교는 살아있는 공간이기보다는 참고 견뎌야 하는 인내의 공간일 뿐이다. 아이들이 학교를 거부하는 것은 학교가 공부하는 곳임을 부정하는 것이 아니라, 공부가 되지 않기 때문이다. 왜냐하면 모든 아이들은 학교에 발을 들여놓는 순간 공부를 잘하고 싶어 한다. 이유가 어찌되었던 이들 '노는 아이들'은 그 적기를 놓쳐서 어디에서부터 다시 시작해야 할지를 찾지 못하는 아이들이다. 따라서 공부를 못한다는 것은 곧 학교가 스트레스의 장이 될 수밖에 없는 전제가 된다. 비록 '노는 아이들'의 경우 표면적으로는 공부에 대한 스트레스로 나타나지 않는 것으로 보일지라도(어떤 경우에는 거부하는 것으로 보여질지라도), 교사에 대한 불신 또는 갈등의 근원이 학업과 무관하다고 볼 수 없다. 따라서 모든 학생들이 상위의 학업성취를 받도록 학교력(또는 교육력)을 키우는 것도 중요하지만, 무엇보다 학교가 모든 학생들에게 참여의 공간이자 생활의 공간이 될 수 있도록 하는 것이 더 중요하다. 이를 위해서 아이들이 자유롭게 고민을 나누고 스트레스를 해소할 수 있는 '그들만의 자유로운 공간'이 제공될 필요가 있으며, 이에 대한 운영 역시 자율적이며 참여적일 수 있도록 해야 한다. 이러한 공유의 장은 사사로운 행동 사이에 존재하는 감정적 균열에 의한 불신을 불식시키며 학업에 대해 보다 긍정적 태도를 가지는 학급 분위기를 형성하는 데 중요한 역할을 할 수 있다.

우리들의 생각, 플러스

02 PART

여아들의 또래문화

04 Chapter

카스, 또 다른 일상의 공간

소셜미디어(Social media) 이용의 급증은 현실 세계(오프라인)와 사이버 세계 사이에 존재하는 기존의 엄격한 경계를 넘어서 일상생활의 영역을 넓히고 있다. 특히, 미디어 세대라고 일컬어지는 청소년들에게 소셜 미디어는 문화적 커리큘럼이라고 불릴 만큼 청소년들의 "사회화의 매트릭스"(Kline, 1993)의 일부가 되고 있다. 청소년들은 사이버 세계를 생활의 외부에 있는 관찰자의 시각이 아니라 참여하는 생활 주체로서 재구성하며 현실 세계로 받아들이고 있는 것이다. 더욱이 사이버 공간은 성인들의 간섭으로부터 벗어나 '청소년들만의 문화'를 형성·유지할 수 있는 독립된 공간으로서 역할하기에 적합하다. 사이버 공간 중에서도 '카스'(카카오스토리)나 '카톡'은 SNS의 특성과 효과적인 성인간섭 차단의 기능을 동시에 가진다는 점에서 아이들의 또래문화의 독자성이 가장 잘 반영되어 나타날 가능성이 높다. 특히 '카스'는 주로 일부 친한 아이들끼리 친구 맺기를 한 '카친'(카스 친구)들로 구성되어 있어 다른 SNS보다 성인 차단이 용이한 반면, 같은 카친끼리는 익명성 유지가 쉽지 않다. 만약 '카스'에서 폭력적 사건이 발생한다면, 폭력 촉발의 원인을 익명성에서 찾기보다는 오프라인상에서의 성인 간섭을 피해 온라인상에서 자신들의 부정적 감정을 자유롭게 표출하려는 아이들의 문화에서 찾는 것이 더 적절한 선택이 될 수 있다. 이런 점에서 '카스'는 '아이들만의 세계'에서 일어나는 일상을 비교적 실제적으로 접할 수 있는 공간이라고 할 수 있다.

그런데 사이버 공간은 공간의 특성상 주로 문자언어를 매개로 문화를 형성한다는 점에서 교류 형식에 있어 오프라인 현실에서와는 다소 차이가 있다. 따라서 또래들 간의 상호작용을 파악하기 위해서는 무엇보다 이들이 사용하는 문자언어 및 다양한 기호의 코드와 기능에 대한 이해가 중요하다. 예를 들면, 아이들은 '카스'상에서 그들만의 의사소통의 수단으로 욕설, 공감글귀 및 다양한 상징적 기호들을 통해 소통하며, 잠정적인 문화요소들을 형성한다. 이때 사용되는 '욕설'은 일반적이기보다는 상대적이고 개별적이며 복합적인 의미를 가지고, '공감글귀'는 자신의 심적 상태를 간접적으로 전달하는 데 사용되고, 그 외 다양한 상징적 기호들은 그들만의 소통방식의 창조물들이다. 비록 이들이 사용하는 욕설 및 다양한 기호가 그들만의 의미전달 코드 형식을 가지고 있고, 언어의 생성과 소멸의 역동성이 심해 용어의 사용과 그 의미의 생의 주기가 짧고, 변화무쌍한 의미의 전달 체계를 가진다는 점에서 아이들만의 독립된 장을 연출해 내는 주요한 요소가 되고 있다.

1 어울림과 갈등이 공존하는 소통의 공간

아이들에게 사이버 공간은 또 다른 생활 공간이 되고 있다. 사이버 공간에서 아이들은 서로의 생각을 나누고 친밀한 관계를 형성하며, 때로는 자신과 다른 입장에 서 있는 아이들을 소외시키기도 한다. 말하자면 아이들에게 사이버 공간은 오프라인 현실의 공간과 별반 다르지 않다. 그러나 사이버 공간은 오프라인 공간과 달리, 성인 차단을 효과적으로 할 수 있는 다양한 장치들이 있다. 그 중에서도 '카스'의 경우, 특정한 사람에게 친구 요청을 하고 그 요청에 응하는 형식으로 이루어진다는 점에서, 성인들이 엿볼 수 없는 비밀의 공간을 형성할 수 있는 장치가 될 수 있다. 이러한 특징으로 인해 '카스'는 오프라인 현실 공간에서의 또래문화가 사이버 공간으로 이동하여 재현될 가능성이 있다는 점에서, '카스'만큼 성인으로부터 독립된 아이들만의 일상을 볼 수 있는 공간도 드물다.

1) 어울림의 공간

사이버 공간 중에서도 '카스(카카오스토리)'나 '카톡'은 아이들의 입장에서 효과적인 성인간섭 차단의 기능을 하며, '그들만의 문화'를 형성할 수 있는 독립적 공간도 드물다. 아이들은 카스에 자신의 일상을 업로드하고, 다른 아이들이 업로드한 일상을 확인하고, 이에 관한 글을 올리는 것으로 서로의 일상을 공유(또는 감시)해 나간다. 이들은 오프라인 현실보다 사이버 공간, 특히 '카스'와 같이 특정한 또래들로 이루어진 자신들만의 공간을 더 선호한다. 왜냐하면 '카스'는 자신들만의 또 다른 어울림의 공간이 되기 때문이다.

'카스'의 친구는 '실친'(현실과 카스 모두 친구)과 '카친'(카스 친구)들로 구성된다. 그리고 '실친' 또는 '카친'과 같은 '카스'에서의 친구 맺기는 일련의 절차에 의해 이루어진다. 먼저, '친구신청'을 해야 하고, 이것이 또래들로부터 수락되어야 한다. 이처럼 '카스'상에서 친구 요청과 수락에 의해 맺어진 관계를 '카친'이라고 한다. 이러한 '카친'은 친밀감의 정도에 따라 엄밀하게 두 유형으로 나누어진다. 즉, '카친'과 '실친'이다. '카친'은 '친구 맺기'를 통해 카스상에서 친구가 된 것으로, 오프라인 현실에서 반드시 친구일 필요는 없다. 카스에서 '친구 맺기'를 한 경우 모두 '카친'으로 분류될 수 있다. 이에 비해 '실친'은 '카스'상에서 뿐만 아니라 오프라인 현실에서도 친구관계를 맺고 있는 경우로 아이들은 '실제 친구, 진짜 친구'라는 의미로 '실친'이라고 부른다.

'카친'은 누군가의 친구 또는 친구의 친구라는 점에서 '그물형 또래집단'의 특성을 가지며, 보다 광범위한 또래집단을 구성하는 것으로 '실친'을 포함한다. 그러나 이러한 우정 네트워크인 '카친'은 실질적으로는 완전한 익명성을 유지하기 어렵다. 그럼에도 불구하고 '카친'이 된다는 것은 사진이나 글, 대화 등과 같이 또래집단이 공유하는 정보나 자료를 함께 볼 수 있고 의견을 제시할 수도 있다는 점과 어떤 SNS보다 성인 차단이 용이하다는 점에서 또래멤버십이 강력하다고 볼 수 있다. 그림 4-1은 '카친'이 되기 위한 일련의 절차를 나타낸 것이다.

그림 4-1 어울림의 공간 사례 1

아이들은 '카친'이 되고 난 이후에도 '카친'으로서 자격을 유지하기 위해, 끊임없이 변경되는 '카스'상의 이름과 내용들을 파악하기 위해, '카스'에 들어가는 일이 주된 일과 중의 하나가 된다. '카스'에서 아이들은 수시로 이름과 프로필 사진을 변경하며 탈퇴와 가입을 반복하는 역동적인 일상을 만들어내고 있기 때문이다. 만약 성인이 어떤 방법을 동원해서 아이들의 '카스'상의 친구가 되었다 하더라도 지속적인 관계를 유지하기 힘든 것이 바로 이 부분이다. '카스'상에서 아이들의 지속적인 변화의 과정을 추적하고 파악하지 않는 한, 이들의 삶에 대해 주시하는 태도와 이로부터 기인되는 긴장된 의식을 유지하지 않는 한 '카따'가 되기 쉽다.

그림 4-2 어울림의 공간 사례 2

카스에서 특별한 친밀감을 나타내며 어울리는 방식 중의 하나가 동일한 범주의 내용에 나오는 캐릭터를 닉네임(nickname)으로 사용하는 것이다. 그리고 이러한 닉네임은 고정되기보다는 자주 변경하여 사용하는데, 이는 서로에 대한 지속적인 관심을 보여주는 것으로 서로가 친밀한 관계를 맺고 있음을 나타낸다. 예를 들어, 아래 카스 내용을 보면, 아이들은 질병(알레르기(예지), 에이즈(예린) 등), 애니메이션 캐릭터(패티(현선), 루피(주영)), 자신의 이름 또는 가명 뒤에 '꽃' 또는 '공주'로 통일하는 식으로, 현재 자신들이 누구와 친한지를 알리고 있다.

그림 4-3 어울림의 공간 사례 3

그림 4-4 어울림의 공간 사례 4

또한 아이들이 일상생활의 일부로 '카스'를 받아들이는 것은 다른 또래들의 일상생활을 파악할 수 있으며, 공통된 주제에 대한 의견을 나눌 수 있기 때문이다. 다시 말해 친구관계를 유지하기 위해서는 상호작용이 잘 되어야 하는데, 소통을 위한 소재는 서로의 공통된 관심사로부터 나온다. 이들이 친구관계를 유지하거나 연대감을 형성하기 위해, 때로는 갈등관계에서 벗어나기 위해, '카스'에 자신의 일상이나 자신의 자유로운 감정을 표현하는 글을 올리는 것은 그 이유가 어떠하든 기본적으로 서로의 일상을 공유하는 데 있다. 비록 오프라인 현실에서 자주 만나지 못할지라도, '카스'상에서 일상의 공개를 통해 서로에 대한 정보를 교환하고, 서로에 대한 관심사를 공유하며, 공통된 대화의 실마리를 찾는 것으로 서로의 관계를 유지해 나간다. 일상의 사사로운 것까지 공유해 나가는 아이들의 이러한 행위는 강제된 일이라기보다는 놀이이자 일상적 습관이다.

연구자: 카스를 하면 뭐가 좋아?

정희: 그냥 애들이 뭐 올렸는지 보고, 뭐하고 놀았는지, 어디 갔는지 보고, 그냥 썰 보고(주고받는 대화 보고).

연구자: 다른 애들도 그래?

정희: 그럴걸요.

연구자: 정희는 카스 안하면 안 돼?

정희: 할 게 없어서 심심해요. 폰으로 할 게 없어요. 카스가 제일 재미있는 것 같아요. 한 번은 삭제해 봤는데, 하루밖에 못 갔어요.

- 정희 인터뷰

연구자: 카스의 좋은 점은 뭐라고 생각하니?

혜민: 애들이 다하니까 애들이랑 이야기하고 언제 노는지 어디서 노는지, 만약에 우리가 서면에 수 노래방에 갔는데 그걸 찍어서 올리면 근처에 있는 애들이 보고 만나기도 하고 그런 것도 많고 오늘 블루원 갔었는데 하면 나도 갔었다고 하고 걔가 오늘 저랑 못 논다고 했는데 다른 애들이랑 놀고 있을 때 그것도 알 수 있잖아요.

- 혜민 인터뷰

카스에서 '따'는 비록 '은따'(은근한 따돌림)라고 할지라도 현실에서보다 더 가시적일 수 있다. 위 사례의 정희의 경우 카스에서 왕따인 '카따'이다. 정희가 '카따'인 것을 아는 것은 정희가 카스에 올려놓은 글에 대해 아무런 댓글도 달리지 않는 데서 찾을 수 있다. 댓글을 달지 않는다는 것은 무관심 또는 대화단절의 표식이기 때문이다. 이는 일상적 삶의 공유로부터 제외시키려는 무언의 제스처이기도 하다. 그럼에도 불구하고 정희가 카스를 지속적으로 하는 것은 카스가 또래들과 관계를 회복시킬 수 있는 중요한 역할을 하기 때문이다. 비록 카스에서 무시당하거나 소외될지라도, 카스는 여전히 만남의 장이자 생활의 장으로서의 역할을 한다. 그리고 카스에서의 단절은 오프라인 현실에서의 단절을 동반한다는 점에서 어떤 식으로든 관계회복을 위한 노력은 필요하다. 이때 또래들에게 쉽게 접근할 수 있고, 함께 호흡할 수 있는 소통의 장으로서 역할을 해낼 수 있는 것이 카스다. 카스는 친구의 친구, 그 친구의 친구와 연계되어 있는 '카친'을 통해 일상을 공유하는 것으로 또래문화를 형성한다. 또래들은 카스에 자신의 일상생활을 공개하는 것으로, 오프라인 현실에서의 완전 고립으로부터 벗어날 수 있는 장치를 마련해 놓는 셈이다. '누구와, 언제, 어디에서, 어떻게, 무엇을 하며 지냈는지'를 매일 업로드해 놓으며, 또래들과의 상호작용을 지속해 나간다. 여아들이 스마트폰을 손에서 놓지 않는 이유 중의 하나가 자신의 일상을 드러내는 장이자 친구의 일상을 엿볼 수 있는 창이 되는 '카스' 때문이다. 만약 '카스'를 하지 않는다면 또래들과 일상적 삶을 공유할 수 없게 되고, 그 삶으로부터 획득될 수 있는 일상의 사사로운 지식으로부터 멀어지게 되어 소위 또래문화에 대한 '문외한'으로 소외의 대상이 될 수 있다.

2) 갈등의 공간

신체적인 폭력이 일어날 수 없는 카스에서 아이들 간의 갈등은 주로 '욕설'과 같은 언어적(또는 비언어적) 행위나 친삭(친구삭제)과 같은 스마트폰 조작에 의한 행위로 나타난다. 여아들에게 가장 많이 나타나는 폭력이 언어폭력이고, 대표적인 언어폭력이 '욕설'이다. 이들 여아들에게 '욕설'은 거의 일상 언어가 되고 있다. 그러나 기본적으로 '욕설'은 부정적 의미를 담고 있고, 이러한 부정적 의미는 아이들 간의 갈등을 나타내는 신호탄이자 점화시키는 대표적인 도구 역할을 한다. 아이들 간의 우호적인 감정이 균열이 생길 때 '카스'에서 가장 쉽게 할 수 있는 것이 욕설이다. 익명성이 보장되고(또는 보장되고 있다고 믿는) '카스'상에서 아이들은 무차별적인 욕설을 통해 서로에 대한 좋지 않은 감정을 드러낸다. 문제는 카스에서의 갈등 해결방식이 욕설을 멈추거나 화해의 제스처를 취하기보다는 주로 '친삭(친구삭제)'을 통해 더 이상 정보공유를 하지 않는 '일시 정지'의 방식을 취하고 있어, '카스'가 걷잡을 수 없는 욕설의 장이 되는 것에 대해 어떠한 쉼표도 제어장치 마련에 대한 고민도 없다는 점이다.

정희: 현선이랑 주영이랑 카스 끊었어요. 욕글 올려서. 나도 올리고 지들도 올리고…

연구자: 뭐라고?

정희: 기억 안나요, 뭐 싸가지 없다 그런 거, 꼭 나라고는 말 안하는데 올리면 찔려요 둘 다 기분 더러우니까 친삭(친구삭제)했어요. 그러니까 지들끼리 (내가) 친삭했다고. (그래서 나에 대한) 욕글 올렸더라고 애들이 캡처해줘서 알았어요.

연구자: 정희는 그런 글 보면 어때?

정희: 짜증나죠. 그래서 카톡으로 뭐라 했어요. 카스에서 이름 밝히고 욕글 올리지 말라고, 그냥 톡으로 하라고 그리고 모르는 사이로 지내자고 했어요. 알겠다고 했어요. 걔들이랑 싸우면 오래가요.

카톡과 달리 카스는 실명을 밝히지 않기 때문에 '욕설'에 있어서도 잔인성과 심각성이 클 수 있다. 앞의 사례에서 보면 정희는 주영과 현성을 향해 카스에 욕설을 올린다. 이를 본 주영과 현선은 정희를 향해 '싸가지 없다'고 반응한다. 비록 정희라고 거론하지 않지만, 정희는 이 말이 자기한테 한 것이라는 것을 안다. 기분이 상한 정희는 이 둘을 '친삭'했고, 이로 인해 정희는 다른 또래들로부터 비난의 욕설을 '카스'에서 보게 된다. 이에 정희는 흥분해서 또래들에게 카스에서 자신의 실명을 밝히든지 아니면 카톡에서 말을 하라고 요구한다.

아이들이 카스에서 닉네임이나 캐릭터 등으로 자신의 이름을 대체하여 사용하는 것은 자신을 노출하지 않기 위함이다. 즉, 제약받지 않는 자아 정체성을 새롭게 만들어, 현실의 제약 때문에 못하던 행동이나 생각을 과감하게 드러내기 위함이다(Turkle, 1997/2003). 그러나 아이들은 카스에 올린 글이 누구의 것인지 알고 있다. 왜냐하면 카스는 친구로서 수락된 아이들만이 모인 곳이며, '카친'들은 동영상, 글, 사진, 일상의 기록 등을 올리며 일상생활을 공유해 나가기 때문이다. 따라서 카친들은 '누가, 왜, 그런 말을 하는지'를 알고 있다. 그렇지만 누구라고 꼭 집어서 말하지 못하는 것은 '카스'의 안전장치라고 할 수 있는(비록 이름뿐일지라도) 익명성 보장 때문이다. 이들은 주로 닉네임을 사용하는 것(그리고 자주 바꾸는 것)으로 자신을 완전히 드러내지 않는다. 아이들은 누구인지 아는 심증은 있지만 직접적으로 이름을 내세우지 않았기 때문에 물증이 없는 셈이다. 자칫 이름을 잘못 거론할 경우, 이름을 거론한 아이가 소외의 대상이 될 수 있다. 이러한 유사 익명성 보장 장치를 가진 '카스'로 인해, '카스'상에서의 욕설이 때로는 건잡을 수 없을 만큼 심각한 수준에 이르게 되는 경우가 허다하다.

그림 4-5 갈등의 공간 사례 1

그림 4-5의 왼쪽 사례는 정희의 카스 내용이고 오른쪽은 현선의 카스 내용이다. 정희는 자신을 '따'시킨 현선과 다른 카친들에게 억울함과 분노의 글을 올린다. 그러나 아이들은 정희의 글에 "말 잘하네"라고 하며 비아냥거리는 글을 올리거나, 아예 어떤 댓글도 달지 않는 것으로 무시해 버린다. 반면 현선은 정희에게 친해지고 싶다면 네 잘못을 다른 사람에게 전가하지도 말고, 함부로

욕하지도 말라는 내용을 욕설을 사용해서 올린다. 그런데 같은 욕설을 올렸음에도 불구하고 아이들은 현선에 대해서는 '힘내'라는 응원의 댓글을 단다.

'카스'는 어떠한 성인 구속도 받지 않는 상태에서 제한된(또는 허락된) 또래와의 상호작용이 일어나는 자유로운 공간이다. 이는 아이들 간의 갈등이나 분쟁이 일어날 경우, 이를 중재해 줄 사람은 오로지 아이들 자신이라는 것을 의미한다. 누구인지 알 수 있는 닉네임 사용을 통해 서로들 간의 구속을 해제하고 있지만, 이는 암묵적인 것일 뿐 드러내 놓고 이야기할 수 있는 부분은 아니다. 이러한 '카스'상의 암묵적 규칙이 아이들에게 자신의 행위에 대한 책임의식과 죄의식을 무력화시키며 무차별적 욕설을 승인하게 만든다. 예를 들면, 아이들은 '존나, 시발, 아구창 털어버린다, 쌈치네, 깝치네, 쌍년아, 빡치네'와 같은 욕설로 이루어진 글들을 거리낌 없이 올리는 것이다.

2 '공감글귀'와 상징적 기호들

아이들은 '카스'에서 욕설뿐만 아니라 공감글귀나 상징적 기호 등과 같이 다양한 통로를 통해 서로 소통한다. 이러한 소통의 방식은 '카스'에서 아이들의 상호작용활동을 위한 문화적 코드로서 역할을 한다.

1) '공감글귀'

'공감글귀'는 익명의 제공자가 이 시기의 또래들이 공감할 수 있는 내용을 '카스'상에 올려놓은 글이다. 아이들은 현재 자신의 마음의 상태를 '공감글귀'를 인용해서 전달하는 것을 선호한다. 왜냐하면, '공감글귀'가 현재 자신의 마음 상태를 잘 표현하고 전달할 수 있을 뿐만 아니라, 직접 드러내기 힘든 마음을 간접적인 방식으로 전달할 수 있기 때문이다. 이러한 소통방식은 한편으로는 '카스'상에서 자신의 마음을 공개적으로 드러냄에 따라 '나의 마음에 대한 다수의 무언의 인정'을 받는 데 보다 효과적일 수 있다는 점과 다른 한 편으로는 특정한 대상에 대해서는 간접적으로 자신의 마음을 전달하기 때문에 혹시 모를 '감정에 대한 책임'을 어느 정도 적게 가질 수 있다는 특성을 가진다.

그림 4-6 '공감글귀' 사례 1

그림 4-6의 사례들은 '좋지 않은 소문 퍼뜨리기'의 피해자인 아이들이 자신의 심정을 '공감글귀'를 사용해 올린 글이다. 왼쪽 사례는 7월 28일 올린 공감글귀를 눈슬이 9월 23일 사용한 것이며, 오른쪽 사례는 5월 5일 올린 공감글귀를 루피가 9월 26일 사용한 것이다. 눈슬은 아이들이 자신에 대한 좋지 않은 소문을 퍼뜨리는 아이들과 이를 믿는 아이들에게, 루피는 자신이 남친을 사귀는 것에 대해 좋지 않은 소문을 퍼뜨리는 아이들에게 '공감글귀'를 사용해 자신의 심정을 올린 것이다.

그림 4-7 '공감글귀' 사례 2

이 시기 여아들의 관심사 중의 하나가 이성에 관한 것이다. 여아들은 이성에 관한 '공감글귀'를 통해 막 싹트기 시작한 이성에 대한 이해와 함께 감정 표현을 위한 수단으로 사용하였다. 그림 4-7의 왼쪽 사례는 11월 8일에 올린 '공감글귀'를 무명의 아이가 11월 9일 다시 올린 것으로, 이성 간의 관계에서 일반적인 남녀 문제를 거론하고 있다. 그리고 오른쪽 사례는 연지가 남친에 대한 자신의 마음을 전달하기 위해 '공감글귀'를 사용하고 있다. 연지가 이처럼 '공감글귀'를 사용하는 것은 만약 남친이 자신의 마음을 받아주지 않더라도, 자신이 직접 적은 글이 아니기 때문에 상처를 덜 받을 수 있다고 보기 때문이다. 예를 들면, '내가 직접 적은 게 아니잖아, 단지 그냥 그런 글이 있어서 사용했을 뿐인 걸'이라고 여기면 된다고 본다. 이처럼 '공감글귀'는 '카스'상에서 아이들의 감정을 공개적으로 또는 간접적으로 전달하는 중요한 소통의 수단이 되고 있다.

2) 다양한 상징적 기호들

바흐친에 따르면, 기호의 기능이 바로 의미이며, 의미란 개별 현실로서의 한 기호가 그 자신에 의해 교체 가능하고, 표상할 수 있고, 상징화할 수 있는 또 다른 현실과의 관계를 표현한다(이병혁, 1986: 26)고 언급한다. 아이들의 다양한 상징적 기호 역시 '카스'상에서 서로의 관계를 표현하는 의미전달의 수단이 되고 있다. 예를 들어, 다양한 이모티콘 및 스티커, 자음과 모음(ㅅ.ㅂ. ㅋ.ㅋ.), 숫자, 단답 댓글 등은 언어를 대신해 사용되는 간략한 형식의 의사전달 표현 양식들이다.

그림 4-8 다양한 상징적 기호들 사례 1

그림 4-8의 사례들은 스티커를 매개로 소통하는 양식이다. 왼쪽 사례의 경우 자신의 슬픔에 공감한다는 표시로 "슬퍼요 100개만 붙여줘"라고 간접적으로 표현한다면, 오른쪽 사례 경우, "내 힘내요 50개만이라도 해 줄 수 있나…"라고 보다 직접적이고 구체적인 애원조로 표현한다. 이에 대한 공감의 정도는 스티커 개수로 파악할 수 있다. 예를 들어, 왼쪽 사례의 경우 '느낌 스티커' 45개, 오른쪽 사례의 경우 '느낌 스티커' 174개의 공감을 나타낸 것이다. '느낌 스티커'의 개수가 다른 것은 절실함의 차이에서 나온다. 누가 보다 더 공감이 절실한지를 위의 사례와 같이 표현의 차이를 통해 가늠하며 아이들은 '느낌 스티커' 개수를 통해 공감의 표시를 달리하는 것이다.

그림 4-9 다양한 상징적 기호들 사례 2

또한 아이들은 자음 또는 모음으로 의사표현하기를 즐겨한다. 예를 들어, "ㅋ.ㅋ. ㅇ.ㅇ. ㅠ.ㅠ. ㅎ.ㅎ. 22. 33." 등과 같은 표현을 일상의 소통 수단으로 사용하는 것을 볼 수 있다. 그림 4-9의 왼쪽은 패티가 늦게 일어나서 학교버스를 놓치고는 친구들에게 카스를 보낸 내용이다. 이때 샷건잉임의 닉네임을 가진 친구가 "ㅊ.ㅋ.ㅊ.ㅋ."(추카추카)라고 하나씩 올림으로써 장난스럽지만 위로의 의미를 담은 댓글을 올린다. 그리고 오른쪽 사례에서는 '이삐레인저엘로우'라는 닉네임을 가진 혜경이가 '이삐레인저'(일명 이삐들) 멤버들에게 특별히 관계가 없는 친구들이 자신들에게 너무 친한 척하는 것을 좀 자제시키라는 글을 올린 것이다. 이때 '이삐들' 그룹의 멤버인 '이삐레인저도연'이 '22'라고 댓글을 단 것이다. 이어서 '이삐들' 그룹은 아니지만 '민석빠비니'라는 닉네임을 가진 아이가 '33'이라고 올린다. 이는 '이삐레이저도연'의 말에 동의한다는 의미를 전달한 것이다.

아이들은 카친의 말에 긍정의 뜻을 전달하는 경우에 문자 대신 숫자 두 개를 연이어 적어서 표현하는 것을 즐겨한다. 이 숫자의 의미는 "으음, 맞아"라는 뜻이며, 처음 사용한 사람이 어떤 숫자로 시작하느냐에 따라, 그 숫자가 첫 번째 숫자가 되어서 일련의 번호가 매겨진다. 예를 들면, 첫 번째 댓글을 단 사람이 '11'로 시작하면, 다음 사람은 '22, 33, 44, 55, ….'의 번호를 사용하며, 만약 첫 번째 댓글을 단 사람이 '22'로 시작하면 다음은 '33, 44, 55, ….'의 번호를 사용하여 댓글을 단다. 그리고 이를 읽을 때는 어미에 '빠'를 붙이고, 숫자와 상관없이 처음 시작은 '일빠', 다음은 '이빠, 삼빠…'로 읽는다. 예를 들어, '22(일빠)'로 시작했다면 다음 사람이 동의한다는 의미를 댓글을 달고자 할 때 '33(이빠), 44(삼빠), 55(사빠)…'로 적고 읽는다.

이처럼 일상적으로 기호를 선호함에도 불구하고 때때로 아이들은 'ㅋ.ㅋ. ㅇ.ㅇ. ㅠ.ㅠ. ㅎ.ㅎ. 22……'와 같은 단순한 기호나 단답형의 댓글에 대해 반감을 표시한다. 만약 누군가와 소통을 할 때 이와 같은 기호를 일관되게 사용한다면 그는 상대방으로부터 "단답 꺼져"라고 하는 소리를 어렵지 않게 들을 수 있다. 단순한 기호 및 단답형의 댓글이 비록 긍정적 의미를 담고 있다고 할지라도, 지속적으로 이를 사용하는 것은 상대방에 대한 성의가 없는 것으로 간주한다. 그래서 아이들은 '성의가 없어 기분이 나쁘다', '혹시 자기에게 화가 난 것은 아닌가? 그래서 단답을 쓰는 게 아닐까?'라는 의심과 불안을 가지게 만들기 때문에 싫다고 말한다. 이러한 반응들을 알고 있기 때문에 아이들은 단답형이나 단순한 기호를 사용하는 데 주의를 기울인다. 만약 지속적으로 단답형 또는 기호를 사용한다면 갈등이 시작되거나 이미 시작되었음을 알리는 신호이기도 하다.

다시 말해 '카스'상에서 아이들이 사용하는 다양한 기호들은 아이들의 의사소통의 중요한 한 수단임을 알 수 있다. 물론 욕설과 마찬가지로 이러한 기호들 역시 소통의 당사자에 따라, 상황과 맥락에 따라 그 의미가 달라진다. 더욱이 이들이 사용하는 언어나 기호의 생산과 소멸의 기간이 짧다는 점에서 의미 전달 코드의 역동성을 볼 수 있으며, 이로 인해 성인들이 이를 파악하기는 쉽지 않다.

3 에필로그

현대사회의 복잡성의 증가 요인 중의 하나로 사이버 공간을 들 수 있다. 사이버 공간은 오프라인 현실의 관계를 확대하며 그 관계의 밀도뿐만 아니라 현상들의 상호 얽힘으로 인해 새로운 접근방법을 요구하는 문제들을 부각시켰다. 그리고 그 접근방법은 오랫동안 주시하지 않았던 '아이들만의 문화'를 보기 위한 성인들의 의식적인 노력을 요구하게 된다. 왜냐하면 '카스'(카카오스토리)와 같은 SNS상에서의 아이들의 문화[5]는 성인으로부터 주어진 것이라기보다는 상호간의 관계를 구축하는 과정에서 생겨난 것이기에 성인들이 접근하기에는 용이하지 않기 때문이다. 따라서 성인들이 아이들의 문화(특히 사이버 또래문화)를 이해하기 위해서는 사이버 공간에서 일어나는 아이들의 상호관계와 일상의 작은 이벤트 속에 숨겨진 질서와 규칙을 파악하는 것이 필수적인 일이 되어야 하며, 이 일은 무엇보다 기존의 성인-가부장적 사고의 틀을 깨는 것으로부터 출발되어야 한다.

특히 '카스'와 같이 성인 차단적 기능이 전제되어 있는 사이버 공간의 경우 성인 관여의 여지가 거의 없다고 볼 수 있다. 오로지 아이들에 의해 구축, 지속, 변화가 일어나는 세계이다. 이 경우 아이들은 사회참여자로서, 적극적인 공헌자로서, 공동실천가로서의 의미를 가지며 자신들의 의도와 경험, 가능성 등을 기반으로 또래문화를 형성한다고 볼 수 있다. 또한 또래문화의 특성을 결정짓는 키워드인 우정은 또래관계의 친밀성과 특별한 연대의식을 강조하며 일종의 사회적 형식으로서 특정한 인식과 행동을 획득하는 통로가 된다(오경

---

5) 여기서 아이들의 또래문화는 사이버상(특히 '카스'상)에서 하나의 통일체로서의 일상생활을 의미한다. 이들은 일상을 카스에 올리는 것으로 자신들의 "체험과 생활 간의 끊임없는 상호전환"(Lefebvre, 1977: 46; 강수택, 1998: 55 재인용)을 통해 의례화되어 가는 경향을 나타낸다. 말하자면 이들 또래문화는 지식 바깥에 의식되지 않은 채 머물며 '무엇을, 어떻게' 하기보다는 '그냥 하는 것'이 더 의미 있게 되는, 일상생활을 지배하는 삶의 한 형식이며 모습이다.

희, 2012). 다시 말해 우정을 기반으로 형성된 또래관계는 자신들만의 세계에서 통용될 수 있는(또는 알 수 있는) 규칙을 형성하고, 이러한 규칙은 실천적 관심을 통해 그들만의 일상성을 특징짓는다. 일상성은 코자크(Kosik)가 언급한 것과 같이 사람들의 개별적 삶을 매일 매일의 테두리 속에서 조직하는 것으로, 일상성 속에서 활동과 생활양식은 본능적이며 잠재의식적이고 무의식적이며 무반성적인 행위와 생활의 메커니즘으로 전환된다(Maffesoli & Lefebvre, 2002: 126). '카스'상에 나타난 아이들의 모든 일상 역시 또래문화를 반영한 것이라고 볼 수 있다. 따라서 어떤 성인 구속적 제재 없이 자발적 연대의식을 기초로 형성된 '카스'상의 또래문화를 이해하고자 한다면, 아이들이 또래집단 속에서 자신들의 행위와 경험의 의미를 어떻게 상호결정하고 재구성하는지를 파악할 수 있어야 한다. 아동의 시각에서 '왜' 그렇게 행하는지에 대한 이해를 중심으로, '무엇을' 필요로 하고 '어떻게' 전달되어야 할지를 고민하게 해야 한다. 이러한 고민은 무엇보다 아이들의 문화에 대한 성찰과 이들의 행위의 전환을 위한 출발점이 될 것이다.

우리들의 생각, 플러스

05 Chapter

욕설, 카스 그리고 일상

의사소통을 원활히 하기 위해서는 무엇보다 그 사회에서 통용되는 언어의 의미와 질서에 대한 이해가 있어야 한다. 언어사용에 있어 누가 어떤 언어를 누구에게 무슨 목적으로 말하는지는 사회적으로 조직화되는 어떤 유형적 특성뿐만 아니라, 화자와 청자 간의 관계적 특성과 관련된다. 그런 의미에서 아이들 간의 일상적 소통방식이 되고 있는 ‘욕설사용’도 ‘그들만의 코드형식’에 따라 이해될 필요가 있다. 그런데 현재 아이들에게 ‘욕설’은 소통의 수단을 넘어 일종의 놀이문화이고, 또래관계를 형성하는 도구가 되고 있다. 심지어 아이들의 욕설은 그들만의 세계를 형성하는 질료처럼 보인다.

이러한 특성은 오프라인 현실에서뿐만 아니라 특히 ‘카친’으로 형성된 ‘카스’상에서 두드러지게 나타난다. 즉, ‘카스’가 욕설과 같은 질료를 형상화하기 위한 하나의 매개체 역할을 해 내고 있는 것이다. 이때 욕설은 일상생활언어로서, 카스는 생활 공간으로서 아이들의 일상생활을 지배하는 것이다. 특히 언어가 그 사회의 상호작용을 조정하며 하나의 공동체적 성격을 띤 문화를 형성한다는 점에서, 카스상에서 이루어지는 소통방식들은 아이들의 욕설 또래문화가 어떻게 점점 보편화되어 가는지를 파악할 수 있게 보여주는 주요한 단서를 제공한다.

1 욕설, 다양한 의미전달의 도구

바흐친(Bakhtin)에 의하면 "언어는 말로 만들어진 의식의 통합체의 일부"(이병혁 편저, 1986: 28)로서 의미를 지닌다. 언어는 상호 간 이해를 위한 도구의 역할을 하며, 상호관계를 형성하는 힘을 갖고 있다. 아이들이 사용하는 언어 역시 이러한 맥락에서 이해될 수 있다. 일반적으로 욕설은 부정적 의미가 강하지만 또래문화 속에서 때로는 '우리'라는 공동체의식을 자연스럽게 형성해내는 하나의 수단이다. 따라서 아이들의 욕설은 자신들만의 언어적 코드로서 일상의 상호작용을 이루어내는 중요한 도구적 역할을 한다.

1) 상반된 의미전달

아이들에게 욕설은 자연스러운 일상생활 용어이다. 아이들은 욕설을 특별한 사건에 대응하기 위해 의식적으로, 계획적으로 사용하기보다는 반복적이며, 습관적으로 사용한다. 일상생활 용어로서 욕설은 주목의 대상이 되기보다는 염두에 두지 않으면서 그렇게 사용하는 것을 당연하게 받아들이는 습관적 행위이다. 이러한 욕설은 일상의 복잡성을 반영하듯, 사용 과정에서 다양한 유형의 상호작용의 질서를 만들어내기도 한다. 그리고 때로는 상대에 따라 또는 맥락에 따라 상반된 의미를 지닌 이중적 의미로 사용되기도 한다.

연구자: 너희 생각에는 애들이 왜 욕을 하는 것 같아?
현선: 그냥 저절로, 애들 다 하니까.
연구자: 모두 다 해도 안할 수 있잖아?
현선: 몰라요.
연구자: 외톨이 되는 것 같아?
주영: 몰라요.
연구자: 너희는 안 하면 안 될까?

현선: 근데 애들이 욕 하는 거 보고 할 것 같은데요.

- 현선 인터뷰

주영: 욕하면 '씨발'은 들어가요. 싫어하는 애한테 하는 욕도 똑같아요.
연구자: 그럼 친한 애들이 섭섭해 하지 않니?
주영: 근데 친한 애들한테는 장난인데 싫어하는 애들한테는 진심이잖아요.
연구자: 뭐가 다른데?
주영: (욕이) 진심일 때는 화내는데 장난이면 웃으면서 해요.

- 주영 인터뷰

욕설은 또래의 세계에서 당연한 것으로 간주되는 상호작용의 매개체이자 산물이다. Brookover(1991: 80)가 언급했듯이 여러 집단의 구성원들은 각 집단들의 특유의 행동양식과 상징들 때문에 각 집단들의 구성원들을 쉽게 구분할 수 있다. 그 중에서도 언어양식은 대표적인 상징이다. 아이들의 욕설 역시 그들만의 문화적 양식을 나타내는 상징적 체계일지도 모른다. 아이들이 사용하는 욕설이 가지는 다양한 의미의 체계가 이를 보여주는 한 예가 된다.

위 사례에서 아이들은 욕설을 일상화된 언어습관과 함께 하기 위한 또래문화의 조직화된 언어질서로 받아들이고 있다. 그리고 이러한 욕설이 본래의 부정적 의미로 전달되는지, 아니면 언어유희로서 전달되는지는 순전히 상호관계의 친밀감의 정도에 따라 달라진다. 바흐친(Bakhtin)은 "말은 말하는 사람과 듣는 사람의 상호작용의 산물이며, 모든 말은 한 사람의 다른 사람에 대한 표현"(이병혁 편저, 1986: 33)이라고 언급하였다. 아이들의 욕설의 의미도 어떤 상호관계를 형성하고 있는지에 따라 달라지는 것을 볼 수 있다. 즉, 욕설은 상대와의 친밀감의 정도에 따라 우호적 또는 적대적 감정을 표출해 내는 역할을 한다. 또래들 간의 관계를 유지하는 하나의 도구로 보고 있는 아이들에게 욕설은 또래들 간의 친밀감 정도와 관계의 체계에 따라 그 의미가 다르게 규정된다. 이는 모든 언어적 코드와 마찬가지로 욕설 또한 사용되는 맥락적 의미를 파악하는 것이 중요함을 의미한다.

예를 들어, 이들이 사용하는 보편적인 욕설 중의 하나가 '씨발'이다. 이는 모든 대화에서 빠지지 않고 사용되는 것으로, 다급할 때, 초조할 때, 놀라거나 당황할 때, 억울할 때, 도전적일 때 등 본론에 앞서 자신에게 되뇌거나 상대의 주의를 끌기 위해 사용하는 소리라고 할 수 있다. '씨발'이 우호적 또는 적대적인 의미전달의 수단으로 사용될 경우에는 주로 부수적인 기호를 동반하거나 변형된 형식으로 사용한다. 예를 들어, 우호적인 관계에서는 미소이모티콘(^^)을, 적대적인 관계에서는 화를 의미하는 기호로 변용(예: '쓰발' 또는 'ㅅㅂ')해서 사용한다. 이때 '씨발'이라는 욕설은 친근감 또는 적대감을 전달하는 이중적 의미를 가진다.

2) 불안정한 상태의 표출

아이들은 늘 소외에 대한 불안을 안고 있다. 특히 연령이 낮을수록 또래집단이 유지되는 기간이 짧다는 점을 감안할 때, 보다 어린 연령에서 또래소외에 대한 긴장감은 일상이 되고 있을지도 모른다. 그렇다면 이러한 또래소외에 대한 불안에 대해 아이들은 어떻게 대처하며, 이때 욕설은 어떤 기능을 할까?

일반적으로 사회적 관계는 주로 현재의 관심사를 공유하는 것으로 연대의식을 형성하며 이루어진다. 이 시기 아이들의 공통된 관심사 중의 하나가 욕설이라고 할 수 있다. 아이들은 욕설을 특정한 이슈로 다루기보다는 그동안 금지된 언어로만 여겨왔던 욕설을 또래들 간의 보편적인 의사소통 수단으로 삼으며, 욕설의 다양한 변신을 꾀하고 공유하는 것에 대해 관심을 갖는다.

아이들의 문화에서 욕설은 하나의 의미체로서 아이들의 행위의 본질적이고 구조적인 특성에 기초해 있다. 예를 들면, 심리적 측면에서 욕설은 자신의 불안정한 위치에 대한 분노를 표출하는 한 방식으로 사용된다. 욕설 사용을 통해 자신의 부정적 감정을 표출하는 것이다. 사회적 측면에서 욕설은 자신의 현재의 위치를 공고히 하여 이미 확보된 위치에 대한 도전과 소외를 차단하기 위한 기제로 사용한다. 욕설 사용이 문제가 되는 것은 아이들의 부정적 감정의 표출이든, 자신의 위치에 대한 공고화이든, 욕설이 감정의 선을 넘어갈 경우 언어폭력의 한 유형으로 특정화될 가능성이 크다는 점에 있다.

연구자: 욕은 왜 하지?
정희: 짜증나서 속풀이 하려구요, 보고 찔리라고 최대한 찔리게 적어요.
연구자: 그렇지만 모를 수도 있잖아.
정희: 댓글 남겨요. 지(나)냐고, 그러면 아니라고 해요.
연구자: 왜?
정희: 맞다고 하면 걔도 욕글 올려서 더 난리나요.

- 정희 인터뷰

현선: 제일 잘 쓰는 게 씨발하고 개새끼, 병신, 닥쳐도 많이 해요.
연구자: 제일 많이 쓰는 거야?
현선: 욕하면 씨발은 들어가요. 기분 나빠서 짜증나서 욕을 해요. 욕하면 다 알아요.

- 현선 인터뷰

또래집단에서 정희는 왕따다. 아이들은 정희가 욕설을 많이 해서 '따'가 되었다고 하지만, 정희는 친구들로부터 '따'를 당했기 때문에 이에 대한 보복으로 욕설을 하게 된 것이라고 말한다. 정희와 달리 현선은 이 그룹에서 인기아에 속한다. 정희가 '따'가 된 것도 현선의 소문 퍼뜨리기와 디스(diss) 때문이다. 그런데 현선이 정희가 욕설을 많이 한다고 비방하는 글을 욕설로 올린다. 그럼에도 불구하고 아이들에게 현선의 욕설은 정희의 욕설과 다르게 이해된다. 현선은 정희가 '따' 당한 이유를 "그냥 나대서, 처음에는 아니었는데 저랑 싸우고 나서부터 (나를) 욕하고 난 뒤부터"라고 하지만 그 역시 짜증이 나거나 화가 날 때 욕설을 한다. 그런데 현선은 자신과 친하지 않거나 자신보다 주변적 위치에 있는 아이가 욕설을 하는 것에 대해서 민감하게 반응하고 그 아이를 소외시키는 데 앞장선다. 이는 권력적 차원에서가 아니라 소외되지 않기 위해 먼저 소외시키는 전략이라고 볼 수 있다. 서로 대치상태가 될 때, 소외되지 않기 위해서는 이겨야 하고, 이기기 위해서는 누가 또래들에게 더 지지를 받느냐가 중요한 관건이 되며, 이때 서로에 대한 비방을 강력하게 드러내기 위해 사용하는 것이 (비록 그것이 욕설에 대한 욕설일지라도) 욕설이다.

2 카스, 욕설또래문화의 장

언어사용에 있어 '누가 어떤 언어를 누구에게 무슨 목적으로 말하는지'는 사회적으로 조직화되는 어떤 유형적 특성뿐만 아니라, 화자와 청자 간의 관계적 특성과 관련된다. 그런 의미에서 아이들 간의 일상적 소통방식이 되고 있는 '욕설사용'도 '그들만의 코드형식'에 따라 이해될 필요가 있다. 그러나 성인들이 이러한 아이들의 욕설문화를 제대로 파악하기는 쉽지 않다. 설사 파악한다고 할지라도 이미 거기에는 성인의 시각을 반영한 가장된, 포장된 문화일 가능성이 크다. 이러한 점에서 카스는 접근만 가능하다면 진정한 아이들의 문화를 읽을 수 있는 용이한 도구가 될 수 있다. 말하자면, 카스가 '카친'에 의해 형성된다는 점에서 그들의 세계에 직접 참여하여 구성원의 입장에서 바라보는 것이 어느 정도 용이할 수 있다. 단, 성인이 '카친'으로 받아들여진다는 전제가 되어야만 한다. 이러한 맥락에서 다음 카스의 내용은 에믹적 관점에서 아이들의 세계를 바라본다는 점에서 성인들에게 아이들의 세계를 파악할 수 있는 정보를 어느 정도 제공해 준다.

1) 관계 지향적 의미부여

카스에서 사용된 욕설이 어떠한 의미를 지니는지를 명확하게 이해할 수 있는 것은 카스가 '카친'으로 형성된 또래집단의 장이기 때문이다. '카친'은 기본적으로 상호 우호적인 관계를 바탕으로 형성되었다는 점에서, 욕설에 담겨진 의미를 즉각적으로 판단하는 것은 그리 어려운 일이 아니다. 비록 다양한 닉네임을 통해 자신들의 실체를 감추고 있지만, 실상은 모두가 알고 있다. 단지 익명은 보다 자유로워지기 위한 하나의 제스처일 뿐, 또래들은 누가 누구인지를 다 안다. 이러한 특성으로 인해 카스는 비밀 유지의 공간이자 공개된 공간이 되며, 아이들은 관계를 토대로 욕설의 의미를 정확하게 판단하고 있다.

그림 5-1 관계지향적 의미부여

'윤희가 기억한대요' 닉네임을 가진 아이는 5학년 여학생으로, 본 연구 참여자인 6학년의 친한 후배다. 그런데 패티(오현선)가 카스에 '윤희가 기억한대요'에 관해 '싸가지 없다'라는 글을 올리자, '윤희가 기억한대요'가 욕설로 자신의 불편한 감정을 드러낸다. 이때 아이들은 이 대화의 발화자와 청자가 누구인지 아는 상태다. 정희의 경우 순수한 방관자로서 '모르는 척하기'로 이들의 갈등을 관망하고 있으며, 패티(오현선)의 절친인 루피(김주영)는 소위 가해조력자로서 적극적으로 패티의 편을 든다. 비록 방관자의 위치에 있기는 하지만 패티에게 우호적인 이유는 욕설사용에 대한 암묵적인 평가기준이 있기 때문이다. 아이들은 욕설을 하는 입장과 욕설을 듣는 입장에 따라 다르게 평가한다. 욕설을 하는 입장에서 보면, 친한 친구에게 욕설을 하는 것은 일상의 습관으로 '그냥' 하는 것이며 오히려 친함을 나타내는 표식이지만, 친구와의 갈등 상태에서 표현하는 욕설은 상대방의 마음을 불편하게 만들기 위한 것이다. 그리고 욕설을 듣는 입장에서 보면, 친한 친구에게 듣는 욕설은 일상적인 것이지만, 갈등관계에 있는 친구에게 듣는 욕설은 자신을 낮추어보거나 비난하는 것이 된다. 특히 욕설을 듣는 입장에서 연령은 판단의 절대적 준거가 된다. 만약 욕설을 하는 이가 자신들보다 연령이 높은 경우에는 당연한 것으로 받아들이지만, 연령이 낮다면 자신을 보다 낮추어보는 것으로 간주한다.

이처럼 욕설은 상호관계에 따라 다른 의미가 부여가 부여되며, 이러한 특성은 '카친'으로 형성된 카스에서 그 특성이 두드러지게 나타난다.

2) 분노의 표출과 공감

아이들의 욕설은 그 자체가 가지는 부정적 의미보다는 현재 자신의 감정을 보다 강력하게 드러내고 이에 대한 공감과 지지를 얻기 위한 하나의 의사표현 방식이다. 만약 분노가 포함된 욕설일지라도 상대와 우호적인 관계를 형성하고 있다면 지지와 격려, 위로의 반응을 기대할 수 있다.

그림 5-2 분노의 표출과 공감 1

그림 5-2의 왼쪽 사례에서 연지는 무조건 동생 편을 드는 엄마와 엄마의 힘을 믿고 자기 멋대로 행동하는 동생으로 인해 가출하고 싶을 만큼 화가 나 있는 자신의 감정을 카스에 욕설로 표현한다. 이때 연지와 우호적 관계를 맺고 있는 아이들은 공감과 위로의 댓글을 올리며 서로 공감대를 형성한다. 오른쪽 사례는 주아는 평소 사이가 좋지 않은 혜경과 싸운 뒤, 자신의 분노를 혜경의 외모에 대한 욕설로 표출한다. 이때도 역시 주아와 우호적인 관계를 형성하고 있는 아이들이 '힘내'라는 응원의 댓글을 올리며 위로와 공감을 표현한다.

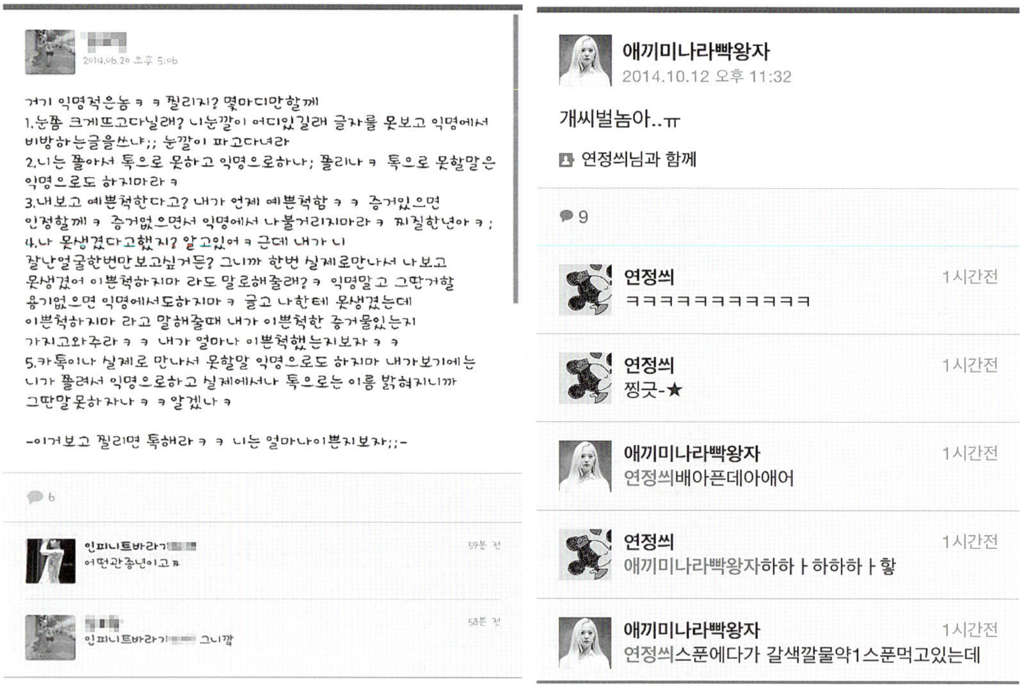

그림 5-3 분노의 표출과 공감 2

그림 5-3의 왼쪽 사례에서는 봄이 익명으로 자신에게 '못생겼는데 이쁜 척한다'고 비방하는 글을 올린 '애끼미(아끼는)들 그룹'의 구성원들(초희, 은희, 혜경, 연지)에게 올린 글이다. 이때 주아가 지지의 댓글을 올리는 것으로 둘이 절친임을 드러낸다. 오른쪽 사례에서는 '애끼미나라빡왕자'[6]라는 닉네임을 가진 초희가 남친(남자 친구)에게 화가 나서 욕설을 올린다. 이때 '애끼미들'그룹에 속해있는 연지가 웃으며 공감을 표시하자, 이에 초희는 화를 풀며 화제를 전환시키며(배가 아파서 지금 갈색 물약을 먹고 있음), 서로의 일상을 공유하는 것으로 친밀감을 드러낸다.

이처럼 아이들에게 카스는 또 하나의 하위 또래문화라고 할 수 있는 '카스 또래문화'를 형성하는 장이 된다. 또한 카스에서의 욕설은 성인 제약으로부터

---

6) '애끼미(아끼는)들 그룹'(초희, 은희, 혜경, 연지)을 의미하며, '빡'은 '박'이란 성을, '왕자'는 초희(왕자)를 의미한다.

자유롭다는 점에서 아이들만의 언어공동체 형성이 용이하다. 이는 욕설사용이 아이들 상호간에 일반적인 언어로서, 또래문화의 한 양식으로 정착되기 쉽다는 의미를 나타내기도 한다.

3) 경고의 메시지와 반응

아이들은 특정 대상에 대한 경고의 메시지를 전달하기 위해 카스에 욕설을 올린다. 이는 일종에 압력을 가하는 행위이지만, 본질적으로 양면성을 가진다. 표면적으로는 자신의 불편한 심정을 상대에게 전달하기 위한 것이지만, 암묵적으로는 자기 과시 또는 불안을 나타내는 메시지이기 때문이다. 예를 들어, 아이들이 어떤 댓글도 달지 않는 것은 '카따(카스 왕따)' 또는 '무언의 동조'라는 두 가지 상반된 의미를 전달한다.

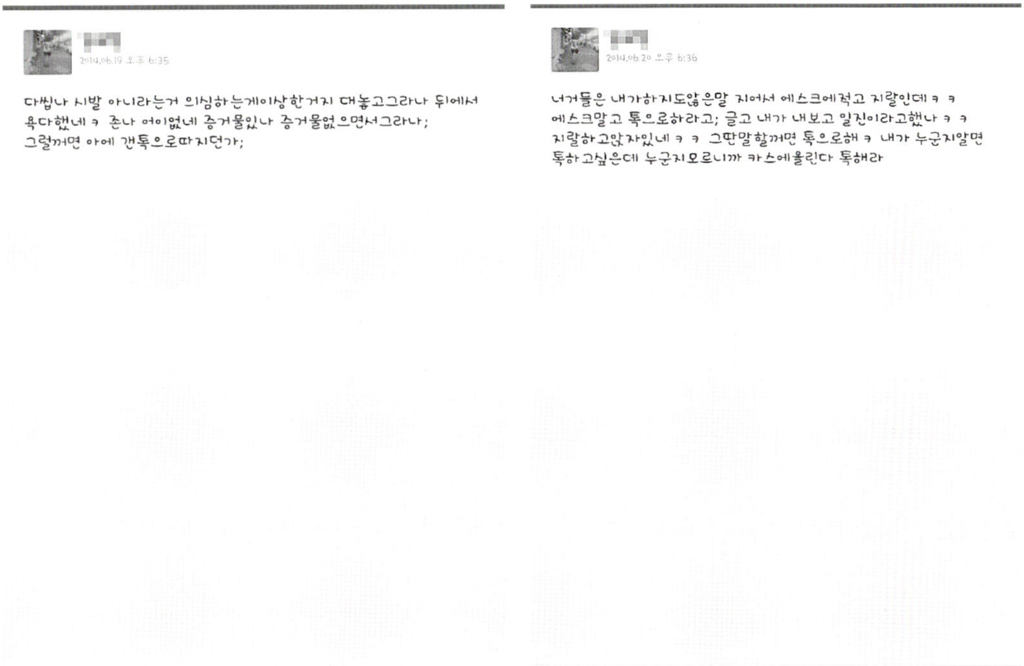

그림 5-4 경고의 메시지와 반응 1

그림 5-4의 사례에서 봄은 자신에 대해 좋지 않은 소문을 퍼뜨리는 '이뻐들' 그룹에 대해 경고의 메시지를 올린다. 카스는 카친들로 형성되어 있기 때문에 대부분 누가 올린 글인지 안다. 그러나 아이들이 주로 닉네임을 사용하고, 그마저도 자주 바꾸어 사용하기 때문에 직접적으로 실명을 거론해서 말하기는 힘들다. 봄은 '이뻐들' 집단에 속해있는 혜경이 자신을 비방하는 소문의 주범임을 알지만, 자칫 잘못된 실명 거론으로 인해 자신이 혜경을 모함하는 것으로 오해 받을 수 있어 실명을 말하지 않는다. 이에 봄은 실명을 알 수 있는 '카톡'에서 보자고 메시지를 보내지만, 이에 대해 어떤 댓글도 달지 않는다. 아이들은 '이뻐들'의 짱인 혜경이 봄을 비방한 것을 알고 있기 때문에 혜경에게는 무언의 지지를, 봄에게는 소외(일명 '카따')를 의미하는 무반응을 보인 것이다.

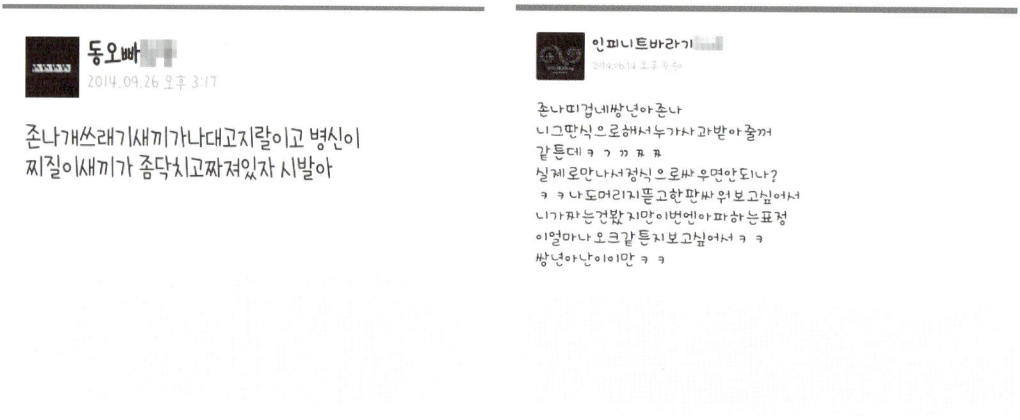

그림 5-5 경고의 메시지와 반응 2

그림 5-5의 사례들은 보라와 주아의 사례들이다. 왼쪽 사례는 보라가 남친과 싸운 뒤 남자아이들에게 보내는 경고의 글이며, 오른쪽 사례는 주아가 '이뻐들'에게 보내는 경고의 글이다. 보라는 최근 남친과 싸운 뒤 헤어졌고, 이후 헤어진 남친이 자신에 대해 좋지 않은 말을 하고 다닌 것을 알게 된 것이다. 이에 보라는 공개적으로 남친에게 망신 주려고 카스에 욕설의 글을 올린다.

그리고 오른쪽 사례는 봄의 절친인 주아가 '이뻐들'에게 보내는 경고의 메시지다. 얼마 전에 '이뻐들'로부터 '카따'를 당한 봄이 '이뻐들'과 이야기하는 것을 본 주아가 봄을 함부로 대하는 '이뻐들'에게 일침을 놓기 위한 글이다. 즉, 진정으로 관계를 개선하고 싶다면 먼저 제대로 사과부터 하라는 내용을 욕설로 올린 것이다. 위 두 사례 역시 댓글이 없다. 이는 무언의 동조를 의미한다. 아이들은 보라의 남친이 욕설을 들을 만하다고 여기며, 주아 역시 친구 봄을 생각해서 올린 것을 알기에 우정에 대한 잠재적인 보편적 인식을 받아들여 무언의 지지를 보내는 것이다.

아이들은 '카스'상에서 욕설 사용을 일상화하고 있다. 분노의 상태나 경고의 메시지를 전달하기 위한 욕설은 아이들의 반응에 따라 상반된 의미를 가짐을 알 수 있다. 이는 아이들에게 욕설이 저속하고 부정적인 감정을 전달하는 것뿐만 아니라 자신의 감정을 솔직하게 표현하기 위한 의사소통의 도구임을 알 수 있다.

3 카스, 일상의 장

아이들에게 있어 사이버 공간은 이미 일상생활의 한 영역이며 사회문화적 상호작용의 공간으로 자리매김하고 있다. 이와 같은 현상은 여아들의 '카스 또래문화'에서도 볼 수 있다. '카스'상에서 여아들은 어떤 성인 구속적 제재 없이 자발적 연대의식을 기초로 또래문화를 형성하며 일상을 공유한다. 또래문화 속의 일상은 끊임없는 상호작용의 연속체로, 끊임없는 관계의 역동체로 이루어진다. 이는 당연시되는 일상생활의 세계가 '카스'상으로 옮겨간 것으로, 카스상의 일상 역시 끊임없는 변화의 과정 속에 있다. 따라서 아이들의 일상은 단지 당시, 그 순간, 그 지점에서 일어난 현상을 통해 이해될 뿐이다.

중학교전이를 앞에 두고 있는 6학년 여아들이 공유하는 카스상에서의 일상은 오프라인 현실에서의 일상과 별반 다르지 않다. 이 시기의 여아들은 권력관계를 형성하고, 젠더 사회화를 하며, 우정덤을 형성하고, 이성애에 눈을 뜨기 시작한다. 새롭게 다가오는 것은 이러한 특성이 '카스'상에서도 나타나며, 때로는 더 빈번하게, 강력하게, 효율적으로 카스가 그 역할을 해내고 있다는 점이다.

1) 지배 권력관계 형성의 장

권력이란 일방적으로 타인의 힘을 빼앗는 것으로부터 지배－복종관계가 형성되는 것을 의미한다. 아이들 간의 권력형성은 주로 연령, 힘, 집단의 수, 언어적 능력, 신장, 외모, 놀이에 대한 지식 등의 힘의 불균형에 의해 생겨난다. 현재 카스는 아이들의 영향력 있는 놀이이며, 아이들은 이를 통해 권력관계를 형성한다. 또한 카스의 권력관계는 오프라인 현실의 권력관계를 재현한다.

여아들은 폭력에 있어 왕따 또는 은따와 같은 관계적 폭력을 주로 행사한다.[7] 그림 5-6의 사례는 이 집단에서 '왕따'인 정희가 자신을 '따'시킨 현선과 어울리는 예은의 배신에 대해 분노의 글을 올린 것이다. 구체적으로 이름을 언급하고 있지는 않지만, 아이들은 정희가 예은에게 하는 말이라는 것을 안다. 아이들은 정희가 '나대고 잘 삐지기 때문'에 '따'를 당한다고 하지만, 정희가 '따'가 된 결정적인 계기는 현선과의 싸움 때문이다. 정희는 오프라인 현실에서 욕설을 많이 하며, 이로 인해 다른 아이들과 잦은 갈등을 일으킨다. 현선과의 관계에서도 예외는 아니다. 문제는 현선에 대한 불만을 모든 카친들이 다 알도록 카스에 올린 데 있다. 이로 인해 정희는 현선뿐만 아니라 현선을 지지하는 모든 카친들로부터 소외된 것이다.

---

7) 서울시내 2,044명 청소년들을 대상으로 한 설문 조사에서 성별에 따른 학교폭력 양상 차이를 보면 여자청소년들은 관계적 폭력(17.0%)이 신체적 폭력(6.0%)보다 높은 것, 남자청소년들은 신체적 폭력(15.3%)이 관계적 폭력(11.3%)보다 높은 것으로 나타났다. 여기서 신체적 폭력(physical bullying)은 보통 가해자와 피해자가 1:1로 대면하여 물리적 공격을 행사하는 직접적인 폭력이고, 관계적 폭력(relational bullying)은 집단 따돌림과 피해자 소외시키기 등의 간접적인 우회적 폭력을 말한다(조윤오, 2013).

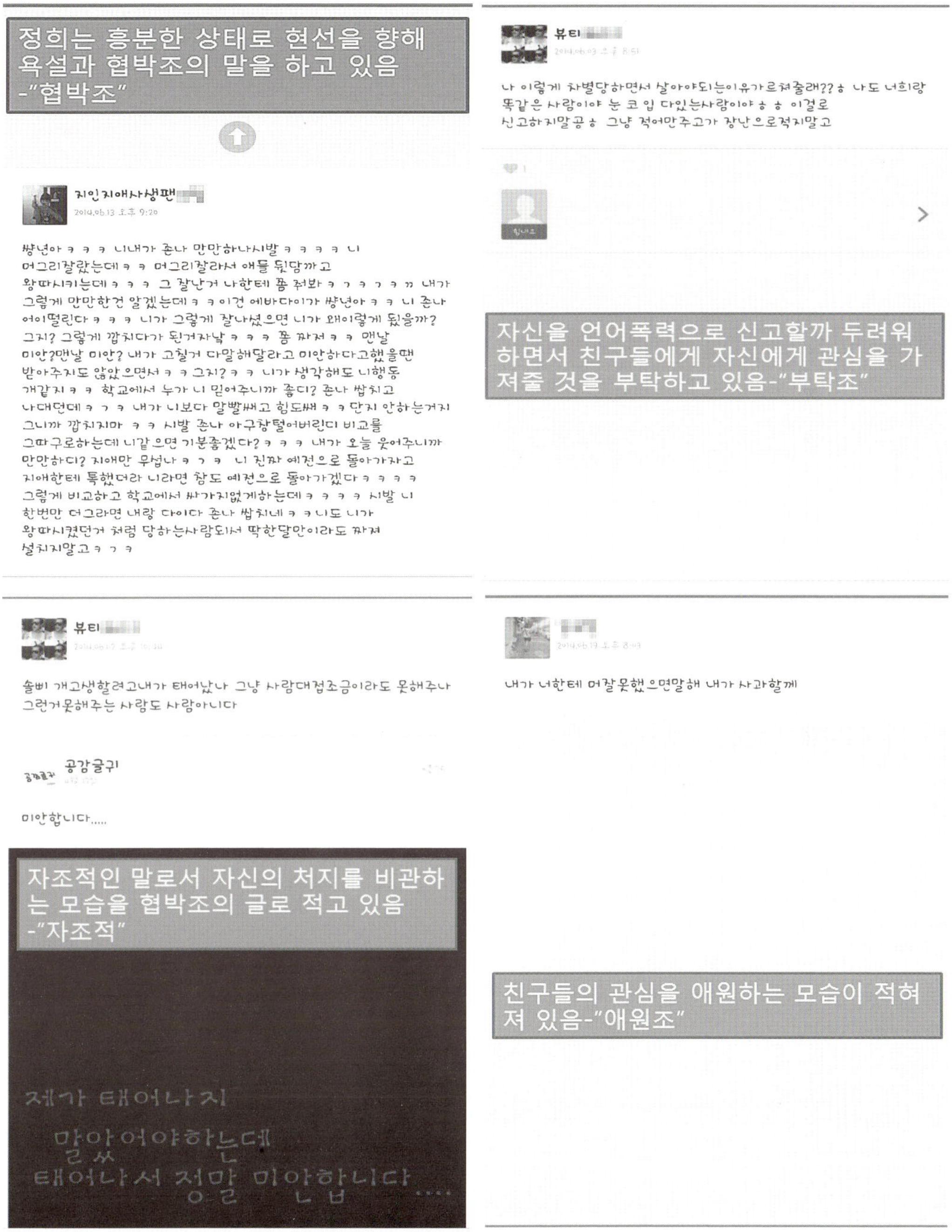

그림 5-6 지배 권력관계 형성의 장 1

앞의 사례는 '따'가 된 정희가 자신의 억울한 심경을 카스에 올린 내용들이다. 첫 번째 내용에서 정희는 자신을 배신한 예은(또는 다른 카친들)을 향해 욕설과 협박의 글을 올린다. 두 번째 내용에서는 자신을 언어폭력으로 신고하지는 않을까 하는 두려움에서 친구들에게 자신에게 관심을 가져줄 것을 부탁하는 글을 올린다. 세 번째 내용에서는 자신의 처지를 비관하는 자조적인 글을 공감글귀에서 가져온 글귀와 함께 올린다. 네 번째 내용에서는 친구들이 자신에게 관심을 가져주기를 애원하는 글을 올린다. 그런데 이러한 정희의 글에 대해 어떤 아이도 댓글을 달지 않는다. 카스에서 댓글이 달리지 않는다는 것은 소외를 나타내는 대표적인 표식중의 하나로 간주되고 있다.

정희에 대한 아이들의 이러한 반응은 무엇보다 정희의 무차별적인 욕설 때문이다. 정희는 오프라인 현실에서도 욕설을 많이 하지만, 카스에서는 그 정도가 더 심하다. 자신의 모든 심경을 카스에 욕설로 올려놓는 정희에 대해 아이들은 '짜증나고 재수 없어서 같이 어떤 이야기도 하기 싫다'고 표현한다. 이러한 정희에 대한 아이들의 부정적인 감정은 현선에 대한 욕설로 인해 더 고조되면서 무반응의 카따가 시작된 것이다. 이에 정희는 '협박조, 부탁조, 자조적, 애원조'의 글을 올리며 또래들과의 거리를 좁히려고 노력하지만, 좀처럼 관계 개선의 기미는 보이지 않는다.

즉, 카스에서 아이들 간의 권력관계는 현실에서와 별반 다르지 않다는 것을 알 수 있다. 비록 현실과 달리 카스에서는 다른 카친들(친구의 친구들이 카친으로 들어올 수 있음 – 예: 연구자)이 있어 완전한 소외를 당하지 않을 수 있지만, 실친(현실과 카스 양쪽에서 친구) 사이에서는 현실에서의 '따'(또는 짱)가 '카따'(또는 카짱)로 재현되는 것을 볼 수 있다. 이는 '카스'와 같은 사이버 세계가 오프라인 세계에서의 권력관계를 재생산한다는 것을 의미한다. 따라서 아이들의 세계에 대한 이해는 두 세계(온라인 세계와 오프라인 세계)를 분리하기보다는 연결선상에서 파악될 필요가 있다.

2) 젠더 사회화의 장

여아들은 카스에서 자신의 일상을 공개하는 것으로 대화의 주제를 찾고, 그 주제를 이야기하는 과정에서 주로 욕설을 사용한다. 이때 사용되는 욕설이 주로 젠더적 특성이 반영된 내용들이 주를 이룬다.

그림 5-7의 사례를 보면 예린과 예은은 여성을 조롱하거나 경멸하기 위해 주로 사용하는 신체적 특성(예: 못생겼고, 오크 같은, 눈 썩겠네), 도덕적 잣대(예: 나쁜년, 쌍년), 그 외 부정적 특성(뒷담, 머리 지뜯고)들과 관련된 욕설을 주로 사용한다. 이러한 욕설들은 여성을 경멸, 모욕, 조롱하는 용어로, 조소와 수치감을 유발하는 성차별적 표현으로 분류된다. 그리고 이 또래집단에서 가장 욕을 많이 한다고 여기는 봄의 경우에도 주로 하는 욕을 보면, "씨발, 씨발년, 나쁜 년, 쌍년아, 찌질한 년, 미친년, 못생겨서 눈 썩겠다, 안경 껴라 눈겡, 면상, 눈갈, 처먹다, 대가리, 이쁜 척 하지 마, 착한 척 하지 마, 머리 지뜯고 한판 싸워 보고 싶어서"와 같이 외모와 관련된 욕설을 주로 한다.

문제는 이러한 여성 차별적 표현을 여아들이 스스로 선택하여 사용한다는 점이다. 비록 여아들이 우호적인 의도로 여성 차별적 욕설을 사용할지라도, 이러한 욕설을 자주 사용함에 따라 젠더적 의식에 영향을 미칠 수 있다. 왜냐하면 언어는 권력이며, 어휘의 선정은 사고를 집중시키는 역할을 하기 때문이다.

이러한 맥락에서 카스는 욕설을 통해 젠더 사회화의 기제로서의 역할을 할지도 모른다. 더욱이 카스상에서 일어나는 아이들의 욕설은 "여성에 대한 언어적 폭력과 비하가 너무 일상적이고 흔해서 그것이 과연 문제가 되는지조차 의심스러울 지경(황희숙 외, 1999: 107)"이라고 언급한 것과 같이, 일상생활 용어가 되고 있다는 점에서, 자기 주도적인 '차별적 사회화' 특성을 나타내고 있다.

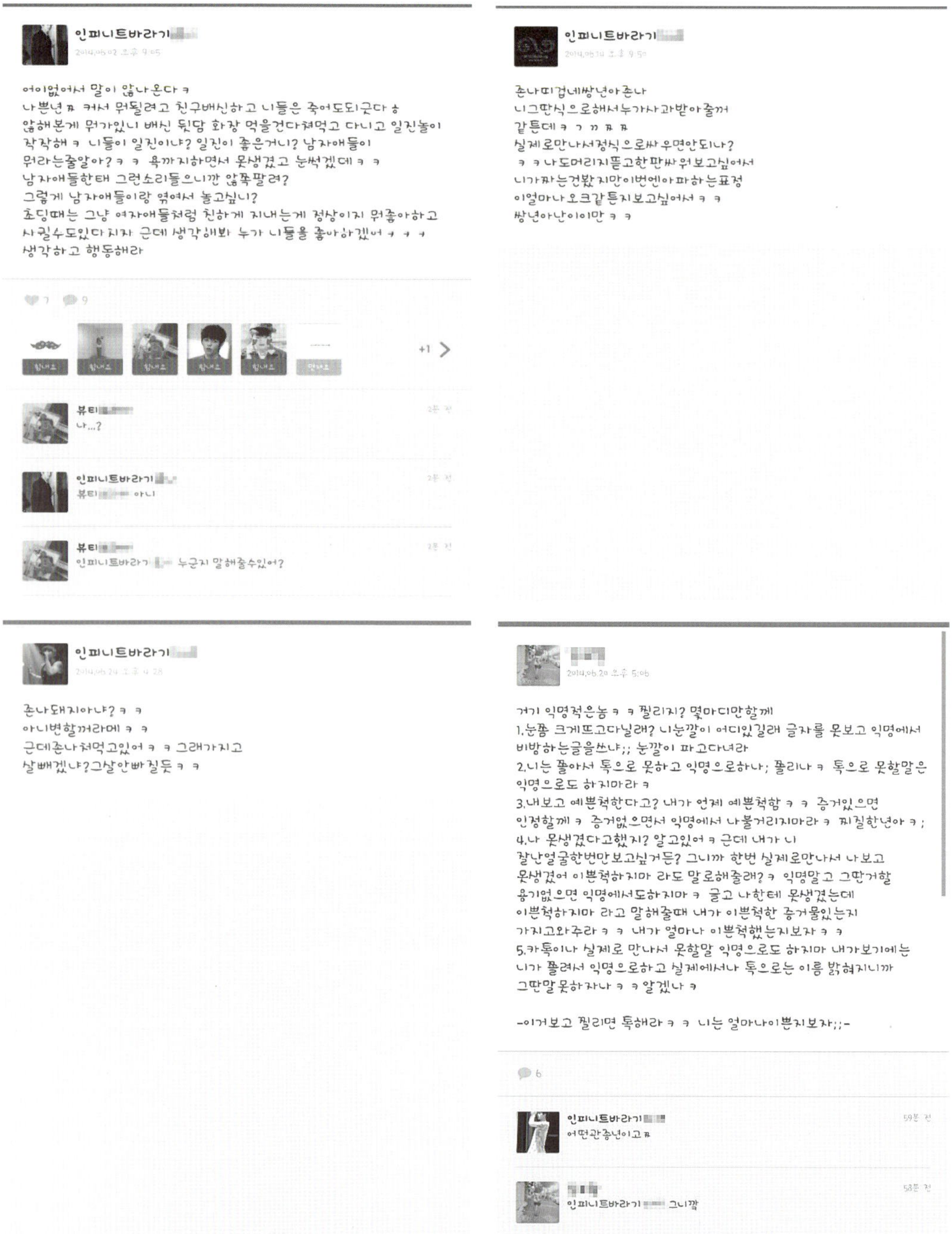

인피니트바라기
2014.06.02 오후 9:05

어이없어서 말이 않나온다 ㅋ
나쁜년ㅠ 커서 뭐될려고 친구배신하고 니들은 죽어도되군다 ㅎ
않해본게 뭐가있니 배신 뒷담 화장 먹을건다쳐먹고 다니고 일진놀이
작작해 ㅋ 니들이 일진이냐? 일진이 좋은거니? 남자애들이
뭐라는줄알아? ㅋ ㅋ 욕까지하면서 못생겼고 눈썩겠데 ㅋ ㅋ
남자애들한태 그런소리들으니깐 않쪽팔려?
그렇게 남자애들이랑 엮여서 놀고싶니?
초딩때는 그냥 여자애들처럼 친하게 지내는게 정상이지 뭐좋아하고
사귈수도있다지자 근데 생각해봐 누가 니들을 좋아하겠어 ㅋ ㅋ ㅋ
생각하고 행동해라

7 9

+1

뷰티
나...?
2분 전

인피니트바라기
뷰티 아니
2분 전

뷰티
인피니트바라기 누군지 말해줄수있어?
2분 전

인피니트바라기
2014.06.14 오후 9:50

존나띠겁네쌍년아존나
니그딴식으로해서누가사과받아줄꺼
같튼데ㅋ ㄱ ㄲ ㅠ ㅠ
실제로만나서정식으로싸우면안되나?
ㅋ ㅋ 나도머리지뜯고한판싸워보고싶어서
니가짜는건봤지만이번엔아파하는표정
이얼마나오크같튼지보고싶어서ㅋ ㅋ
쌍년아난이이만ㅋ ㅋ

인피니트바라기
2014.06.24 오후 4:28

존나돼지아냐? ㅋ ㅋ
아니변할꺼라메 ㅋ ㅋ
근데존나처먹고있어ㅋ ㅋ 그래가지고
살빼겠냐?그살안빠질듯ㅋ ㅋ

2014.06.20 오후 5:06

거기 익명적은놈ㅋ ㅋ 찔리지? 몇마디만할께
1.눈좀 크게뜨고다닐래? 니눈깔이 어디있길래 글자를 못보고 익명에서
비방하는글을쓰냐;; 눈깔이 파고다녀라
2.니는 쫄아서 톡으로 못하고 익명으로하나; 쫄리나 ㅋ 톡으로 못할말은
익명으로도 하지마라 ㅋ
3.내보고 예쁜척한다고? 내가 언제 예쁜척함 ㅋ ㅋ 증거있으면
인정할께 ㅋ 증거없으면서 익명에서 나불거리지마라 ㅋ 찌질한년아 ㅋ;
4.나 못생겼다고했지? 알고있어 ㅋ 근데 내가 니
잘난얼굴한번만보고싶거든? 그니까 한번 실제로만나서 나보고
못생겼어 이쁜척하지마 라도 말로해줄래? ㅋ 익명말고 그딴거할
용기없으면 익명에서도하지마 ㅋ 글고 나한테 못생겼는데
이쁜척하지마 라고 말해줄때 내가 이쁜척한 증거물있는지
가지고와주라 ㅋ ㅋ 내가 얼마나 이쁜척했는지보자 ㅋ ㅋ
5.카톡이나 실제로 만나서 못할말 익명으로도 하지마 내가보기에는
니가 쫄려서 익명으로하고 실제에서나 톡으로는 이름 밝혀지니까
그딴말못하자나 ㅋ ㅋ 알겠나 ㅋ

-이거보고 찔리면 톡해라 ㅋ ㅋ 니는 얼마나이쁜지보자;;-

6

인피니트바라기
어떤관종년이고ㅠ
59분 전

인피니트바라기 그니깡
58분 전

그림 5-7 젠더 사회화의 장

3) 우정덤(friendshipdom)[8] 형성의 장

아이들은 주로 '실친'을 중심으로 '우정덤'을 형성하고 있다(예를 들면, '이삐레인저' 그룹과 '못난이들' 그룹). 이들의 관계는 시간이 흐를수록(6학년 후반부로 갈수록) 비교적 지속적이며 강한 연대의식을 가지며, 다른 또래그룹들과 경계짓기를 해 나간다.

(1) '이삐레인저' 그룹

'이삐레인저(일명 이삐들)'는 '은희, 혜경, 연지, 보라, 예지' 5명의 '실친'으로 이루어진 또래집단이다. 레드는 연지, 옐로우는 혜경, 블루는 예지, 그린은 은희, 핑크에 해당하는 보라가 있는데, 보라는 핑크를 사용하지 않고 자신의 이름을 그대로 사용한다.

'이삐레인저'는 이쁜이들이 모인 파워레인저(만화영화 이름)라는 의미를 가진다. 이들 중 은희, 혜경, 연지는 초희와 함께 이전에 '애끼미나라('서로 아끼는 아이들의 집단'이라는 의미)'의 멤버였다. 그런데 초희가 집단에서 탈퇴하게 되면서 중간에 다양한 닉네임을 사용하게 되었다. 이들 '애끼미들(은희, 혜경, 연지)'이 보라, 예지와 친해지면서 '이삐레인저'라는 이름으로 새로운 집단을 형성했다.

---

8) 팬덤(fandom)이 특정한 인물이나 분야를 열정적으로 좋아하는 사람들 또는 그러한 문화현상이라고 한다면, 이 시기의 아이들은 우정덤(friednshipdom)을 형성하고 있다고 볼 수 있다. 이들은 또래집단을 구성하며 자신들의 우정에 몰입하며 또래집단에 대한 자부심을 나타내고 있다.

그림 5-8 우정덤 형성의 장: '이삐레인저' 그룹

그림 5-8의 사례들은 모두 '이삐레인저' 멤버들이 자신들의 또래집단에 대한 자부심과 애정을 '카스'에 올린 글이다. 비록 욕설이지만, 이것은 '실친'으로서 매우 친함을 표현한 것이다. 아이들은 실제로 아주 친하거나 적대적이거나 할 때 욕설을 사용하며, 단순히 '카친'으로서 서로에 대해 잘 알지 못할 경

우에는 욕설을 사용하지 않는다. '실친'과 같이 친한 관계일 경우, 욕설은 부정적 의미라기보다는 긍정적 감정을 보다 강력하게 표현하는 수단으로 사용된다. 예를 들면, 위 사례에서 '이뻐레인저레드(연지)'는 이뻐레인저가 얼마나 좋은지를 '병맛(병신 맛), 개조흠(진짜 좋음)'으로, '이뻐레인저옐로우(혜경)' 역시 '개조음'으로 표현한다. 한편, '이뻐레인저블루(예지)'와 '이뻐레인저그린(은희)'은 자신들의 그룹에 대해 좋지 않은 글을 올린 '못난이들' 그룹(주아, 봄, 초희)에 대해 '끼리끼리 논다'라고 조롱하는 글을 올리는 것으로 '이뻐레인저'를 '못난이들' 그룹과 구별 짓는다.

(2) '못난이들' 그룹

'못난이들' 그룹은 주아, 봄, 초희 3인의 '실친'으로 이루어진 또래집단이다. '이뻐레인저' 그룹의 이전 그룹('애끼미나라')의 구성원들로부터 '따'를 당한 봄과 이를 지켜본 '절친'인 주아가 '이뻐들' 그룹을 견제하기 위해서 만든 것이 '못난이들' 그룹이다. '이뻐들' 그룹보다 늦게 결성된 '못난이들' 그룹은 언제나 '카스'상에 '이뻐들' 그룹을 견제하는 글을 올린다. 이들이 '못난이들'이라는 그룹명을 지은 것도 실제로 자신들이 못생겼다고 생각하기보다는 '이뻐들'에 대한 도전적인 의도를 표현한 것이다.

그림 5-9의 사례는 봄이 '한소(한 줄 소개)'를 올리자, 그걸 본 '이뻐들(애끼미들)'이 발끈해서 '한소'에 글을 올렸다고 비웃는 내용이다. 그리고 주아는 희진에게 '이뻐들(애끼미)'과 '못난이들' 중 하나를 선택하라는 내용의 글을 올린다. 희진에 대한 주아의 강력한 어조는 희진의 어중간한 태도에서 비롯된 것이다. '이뻐들' 그룹이 보라와 예지를 포함한 다섯 명으로 결성되자, '못난이들' 그룹은 어떤 그룹에도 속해 있지 않은 희진과 나영을 새로운 구성원으로 참여시키려고 회유한다. 그런데 희진은 '이뻐들' 그룹의 혜경, 연지와 우호적인 관계를 유지하고 있다. 이로 인해 희진은 '못난이들' 그룹(특히 주아)의 감시의 대상이 된 것이다.

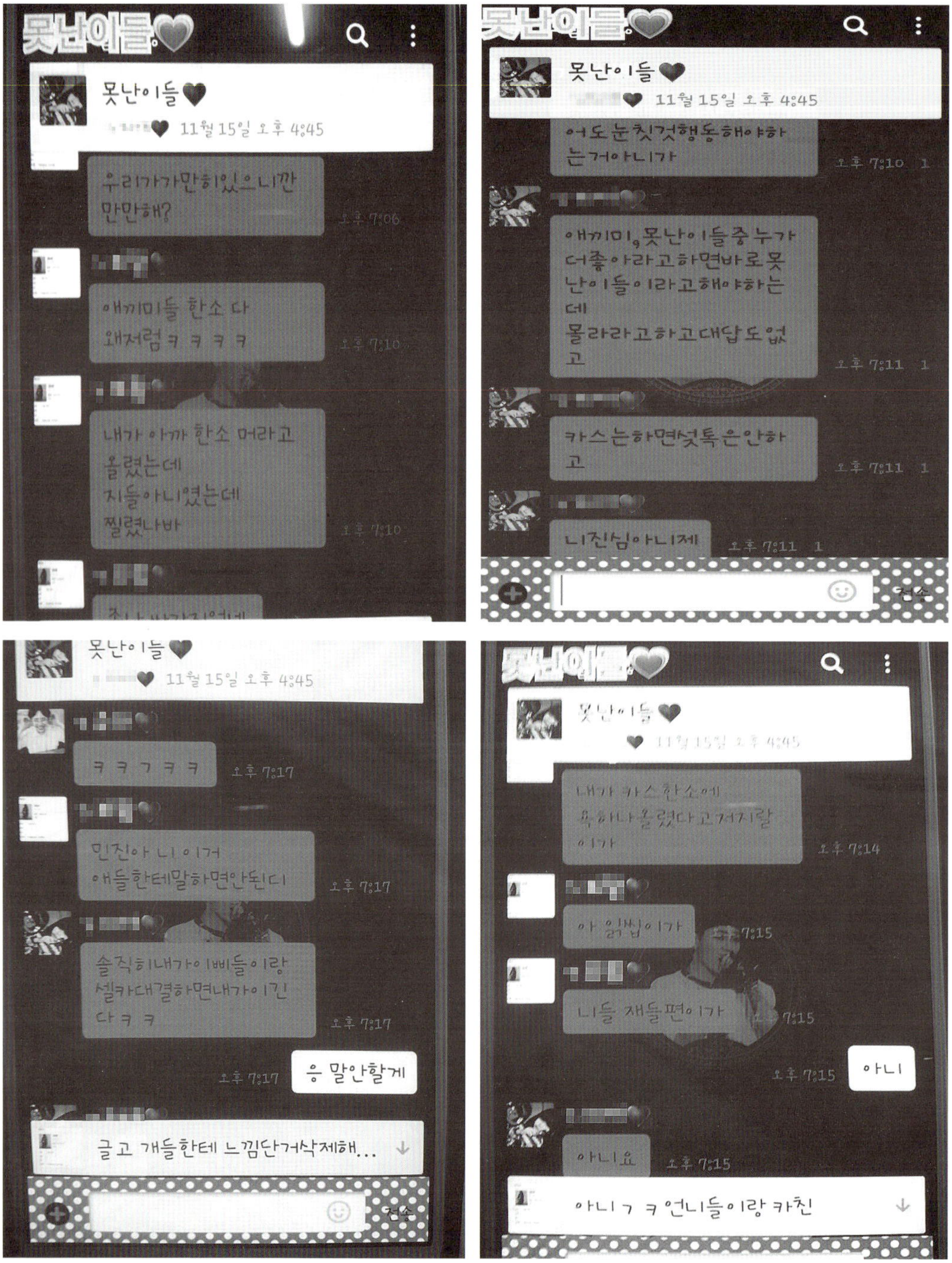

그림 5-9 우정덤 형성의 장: '못난이들' 그룹

또 다른 사례는 '못난이들' 구성원들이 카스나 카톡을 통해 '이뻐들' 그룹에 대한 의견(거의 비방)을 올려놓았는데 희진이만 어떤 댓글도 달지 않았다. 이에 화가 난 봄이 희진에게 '이뻐들' 편인가를 물었고, 희진은 '아니'라고 대답한다. 이에 모두들 화기애애한 분위기 속에서 희진에게 사실 '못난이들'이 '이뻐들'보다 더 예쁘다고 말하며, 이 사실을 비밀로 해야 한다고 강조한다. 그리고 희진에게 '읽씹'(읽고 그냥 넘기는 것) 말고 댓글을 달도록 다짐시키고, 이전에 희진이 '이뻐들'에게 공감 또는 지지의 표식인 '느낌 스티커'를 올린 것을 지우도록 강요한다.

이처럼 여아들은 6학년 후반부로 가면서 '이뻐들' 그룹과 '못난이들' 그룹과 같이 우정관계가 집단을 중심으로 뚜렷하게 구분되었다. 특히 이들은 집단 내에서는 보다 친밀한 관계성을, 집단 간에는 경쟁적 관계를 토대로 '우정덤'이라고 할 수 있는 보다 강력한 연대의식을 토대로 또래집단을 형성하고 있었다.

4) 이성애의 입문

Adrienne Rich의 개념화에서 그려지는 것으로, 청소년기로의 전환은 이성애의 성립으로 입문하는 시기로서 이해될 수 있다(Thorne, 1993: 124 재인용). 중학교전이를 앞두고 있는 초등학생들 역시 이성애에 대한 관심에 기초한 문화전이를 경험함으로써 청소년기로의 전환을 알린다. 이러한 전환의 시점에서, 여아들은 외모지향적 성향과 이성애에 대한 질투 그리고 이성애의 로망스에 대한 갈망을 불러일으킨다.

(1) 외모지향과 질투

이 시기(현재 6학년 2학기) 여아들은 외모에 대한 관심과 예쁨에 대한 지향, 이성애에 대한 관심과 질투가 점점 뚜렷해지는 경향이 있다. 이는 '아동'에서 '십대'로 가는 동안, 소녀들은 젠더의 기초 위에서 자신들의 종속을 보다 완전하게 굳히는 일련의 구조와 의미인 성인의 여성다움의 힘과 제휴하기 시작(Thorne, 1993)하는 것처럼 보인다.

'카스'에서 외모에 대해 주로 언급하는 이들이 '못난이들' 그룹이다. 이들은 주로 '이뻐들' 그룹의 외모에 대해 비하하는 글뿐만 아니라 그들의 남친들에 대해서도 부정적인 글을 자주 올리는 것으로 자신들의 존재감을 나타낸다. 그림 5-10의 왼쪽 첫 번째 사례는 나영이가 남자 아이들에게 인기 있고 남친도 자주 바뀌는 혜경에 대해 비난하는 글을 올린 것이다. 나영이는 혜경에 대해 배신, 뒷담, 화장발 등을 언급하는 것으로 성격과 외모에 대해 비난하며, 남자애들과 어울리는 것에 대해 못마땅함을 드러낸다. 주아는 '이뻐들'을 향해 말도 잘 못하고 얼굴도 못생겨서 미래가 어둡다고 비아냥거리며, 초희와 봄에게는 은희 남친이 '짜져 산다('있는 듯 없는 듯 조용히 산다'는 의미)'고 헐뜯는다. 이때 '이뻐레인저블루(예지)'가 은희와 '이뻐들'을 대신해서 질투하지 말라는 글을 올린다. 왜냐하면 '못난이들' 그룹의 구성원들은 모두 남친이 없기 때문이다.

이 시기의 아이들은 외모에 대한 지향과 이성에 대한 관심을 가지며, 이를 상호작용의 화제로 삼는 것을 자주 볼 수 있다. 이들은 어떤 행위에 대한 판단 기준으로 외모에 대한 평가를 빼놓지 않으며, 그 평가의 결과를 남친의 유무 또는 남친의 특성(외모)에 두는 것을 자주 볼 수 있다.

그림 5-10 이성애의 입문: 외모지향과 질투

(2) 이성애적 로망스

이 시기 아이들에게서 남친들과의 로망스를 꿈꾸는 것을 자주 볼 수 있다. 아이들(주로 '이뻐레인저' 그룹)은 이성애와 관련된 '공감글귀'나, 남친들과의 대화, 남친을 주제로 한 여자 친구들과의 대화를 '카스'에 올리며 이성애에 대한 관심을 드러낸다.

그림 5-11의 사례는 '이뻐레인저옐로우'인 혜경이 남친과 대화하는 내용이다. 왼쪽은 이성과 사귈 때 사용하는 단어의 의미를 적은 것이다. 예를 들면, '좋아요'는 '당연하지'라는 의미로서 사용되며, 그것을 의미하는 이모티콘을 오른쪽에 보여준다. 이성애에서 사용되는 단어의 새로운 의미를 통해 오른쪽 사례를 해석하면 다음과 같다. 혜경이 남친에게 '이불 속에서 폰을 떨어뜨려 코가 아프다'는 글을 올리자, 남친인 동현이 '이제 기뻐요만 있으면 돼!('그래!'라고 하면 돼!)'라고 묻는다. 혜경은 '나 기뻐요 했는데 좋아요가 있어야지('그래'라고 했으니 '당연하다'라고 해야지)'라고 말하자, 동현은 '이제 좋아요만 있으면 돼!(이제 '당연하지'라고 하면 돼)'라고 하면서 웃는다. 혜경과 동현은 일종의 언어유희를 즐기는 방식으로 서로에 대한 애정을 확인하는 것을 볼 수 있다.

그림 5-11 이성애의 입문: 이성애적 로망스 1

그림 5-12는 '이뻬레인저' 도연이가 자신의 남친에 대한 기대를 '공감글귀'를 통해 표현한 내용이다. 일종의 연애 계약서라고 할 수 있는 내용 등을 적어 놓은 것이다(예: 1. 프사(프로필 사진)는 자기 여친으로…). 그리고 오른쪽 사례는 보라가 남친 때문에 속상했던 마음을 올려놓은 글이다. 얼마 전 남친이 자신을 좋아하는 여자 짝지와 웃고 장난치다 교사에게 벌을 받게 된 사건이 있었다. 이로 인해 보라는 남친과 싸우고 헤어지게 되었다. 이러한 내용의 글을 본 이뻬레인저옐로우(혜경)는 자신도 몇 시간 전에 남친과 헤어졌다는 글을 올리는 것으로 공감을 전달하며 보라를 위로한다. 이에 보라는 '이뻬들'에게 '사랑한다'라는 하트 표시를 남기는 것으로 보다 더 친밀하고 돈독한 우정을 다짐하지만, 남친의 여자 짝지에게는 욕설('시발년아')을 올리는 것으로 분노를 드러낸다.

다시 말해, 이 시기에 아이들은 낭만적 이성애를 지향하는 것을 볼 수 있으며, 이들의 관계가 비밀스럽기보다는 공개적임을 볼 수 있다. 또한 이성애적 관계는 깨지기 쉬운 특성을 가지지만, 이러한 특성이 오히려 동성 간의 우정관계를 더욱 돈독하게 만드는 역할을 했다. 즉, 이성 간의 관계에서 오는 정서적 손상을 동성 간의 우정을 통해 위로받으며 연대감을 강화시켜 나갔다.

그림 5-12 이성애의 입문: 이성애적 로망스 2

4 에필로그

현재 아이들에게 욕설은 일상생활언어로 그리고 카스는 생활 공간으로 활용되고 있다. 아이들의 생활 공간인 카스는 성인들의 시선에서 벗어나 그들만의 세계를 형성하고 있다는 점에서 실제 아이들의 문화를 들여다 볼 수 있는 창의 역할을 한다. 특히 욕설은 아이들의 일상 언어로 또래문화형성을 위한 중요한 수단이 된다. 다시 말해 욕설사용은 또래와의 관계에서 때로는 공감대를 형성하기 위해, 때로는 분노를 표출하기 위해 사용되는 도구인 것이다.

또한 '카스'는 아이들의 어울림과 갈등의 공간이자, '카스또래문화'라고 할 만큼 하위또래문화의 한 형식으로 자리매김하고 있다. '카스또래문화'에서 '카스'는 성인 차단의 기능과 '카친'으로 형성된 공개된 익명성의 기능을 동시에 가진다. 이로 인해 '카스'에서 아이들의 욕설은 무차별적으로 사용되고 있으며, 상대에 대한 근거 없는 비난과 괴롭힘의 수단이 되기도 한다.

초등학생 여아들의 또래문화 속에서 욕설이 일상이 되고 있다는 것은 이미 십대 때부터 욕설이 여아들의 언어 습관이 되고 있다는 것을 의미한다. 비록 청소년의 욕설이 청소년들이 공유하는 하나의 문화(손진희·이영수·최윤진, 2013)일지라도 욕설은 언어적 폭력의 한 유형이며, 이 또한 학교폭력과 무관하지 않다는 점에서, 보다 어린 시기에 언어 사회화에 대한 교육적 관심이 촉구되어야 한다.

또한 '카스'와 같은 사이버 공간에서 일어나는 언어적 폭력에 대한 대책을 마련하기 위해 다각적인 접근이 요구된다. 예를 들어, '카스'상에서 또래문화를 중심으로 언어적 폭력이 일어날 경우, '카친'이라고 하는 특별한 관계를 맺고 있는 아이들 간의 상호작용 형식과 일상을 파악해야 한다. 소위 '그들만의 일상생활의 총체적 특성'을 이해하지 못한다면, 사이버폭력의 하나인 언어폭력의 실질적인 대응책을 마련하기란 쉽지 않다. 특히 카스또래문화는 아이들의 "통제되지 않은 자아들"(Turkle, 1997/2003)의 모습을 적나라하게 드러낸다는 점에서, 이는 또 다른 또래문화를 이해하는 중요한 단서가 될 수 있다.

더불어 욕설 속에 담겨진 다양한 불평등적 요인들을 파악할 필요가 있다. 특히 여아들이 남아들에 비해 상대적으로 욕설을 많이 사용한다는 점과 "사이버 공간에서 욕설로 인한 폭력 가해 경험이 남학생이 여학생보다 많다"는 연구결과(이성식, 2008)를 고려할 때, 젠더적 측면에서 '욕설'에 대한 보다 심층적인 논의가 일어날 필요가 있다. 욕설이 여아들(또는 남아들)의 또래문화를 중심으로 왜, 어떻게 사용되고 있는지를 파악하여, 성별에 따른 욕설 사용의 원인과 그 의미를 파악할 필요가 있다.

그러나 이러한 모든 행위들은 또래문화에 대한 이해를 전제로 한다. 성인의 시각에서 긍정과 부정, 찬성과 반대 등과 같은 평가는 아이들의 문화에서는 또 다른 평가의 대상이 될 수 있다. 문화는 삶의 형식이며, 구성원들이 공유하는 보편적 질서를 준거로 모든 행위를 판단하는 특성을 가진다. 욕설이 하나의 또래문화로 정착되고 있다면, 그것은 아이들의 삶의 한 형식으로 받아들이는 것이 되며, 이러한 형식은 기본적으로 구성원들의 인식으로부터 생겨난 것이라는 점에서, '욕설'이라는 용어 그 자체가 가지는 의미와 기능이 기존의 의미와 다를 수 있다. 이는 성인의 시각에서 나름 양보하여 받아들인다면 욕설은 아이들의 문화에서 '필요악'인 것이다.

06 Chapter

이성애문화

생의 분기점에 해당하는 시기(여기서는 초기 청소년기, 특히 중학교로의 전이의 시기)에 보다 특별한 관심과 이해를 기울여야 하는 것은 다른 어느 생의 시기보다 새로운 접근과 변화의 가능성이 용이하기 때문이다. 특히 초기 청소년기에서의 삶의 변화는 아이들의 생활 공간뿐만 아니라 관심의 대상에도 큰 변화를 가져온다. 그중에 가장 뚜렷하게 나타나는 관심이 "아동들 간의 상호작용 속의 중심 주제가 되는 이성애이며, 여아들의 갈등의 주된 요인이 이성애를 둘러싼 인기 경쟁이다"(Thorne, 1993). 이 시기의 이성애는 전형적인 성역할에 대한 의식을 전달하는 매개적 역할을 담당할지도 모른다. 왜냐하면 일반적으로 또래문화 속의 젠더 분리로부터의 차별이 극적인 증가를 보이는 시기가 청소년 시기(Corsaro, 1997)이기 때문이다. 따라서 아이들의 이성애문화를 젠더적 관점에서 살피는 것은 이후 형성되기 쉬운 젠더 이분법적 범주에 따른 고정관념을 미연에 방지할 수 있는 예방책 마련의 중요한 단서를 제공한다. 게다가 이 시기의 여아들은 비교적 고정적인 동성 또래집단을 형성하며 그들만의 문화를 형성한다는 점에서, 동성 또래문화가 젠더적 특성에 영향을 미칠 것이라는 점을 쉽게 예측할 수 있다. 즉, 젠더적 관점에서 이성애를 둘러싸고 일어나는 동성 또래문화의 특성을 이해하는 것은 동성 또래문화가 젠더 사회화에 미치는 영향을 파악하는 데 도움을 준다.

그러나 대부분 청소년기의 또래네트워크에 관한 에스노그라픽 연구(ethnographic studies)들은 지위 위계와 그룹 역동성에 초점을 맞추고 있다(Thorne, 1993). 또한 청소년 초기의 가장 중요한 이벤트 중의 하나인 중학교로의 전이(Williford, Brissson, Bender, Jenson & Forrest-Bank, 2010: 644~645)의 시기에 여아들의 또래문화가 공유하고 있는 관심을 둘러싸고 구성원 상호간의 역동적 관계를 젠더적 시각에서 접근하는 논의들은 거의 일어나지 않고 있다.

이 장에서는 초등학교에서 중학교로의 전이 시기에 형성된 여아들의 이성애문화를 통해 '동성 또래집단이 여아들의 젠더화(gendering)에 어떤 영향을 주며, 여아들은 동성 또래집단의 상호작용을 통해 이성애에 대한 경험을 어떻게 이해하고 서로 공유해 나가는지'와 '이성애를 중심으로 동성 또래들과 사회적 관계를 어떻게 유지해 나가는지'를 이해하는 것이 무엇보다 필요하다. 이와 같은 이해는 무엇보다 초기 청소년기 여아들의 젠더적 특성이 또래문화를 통해 어떻게 재생산 및 생산되는지를 파악하는 데 기여하며, 이 시기의 여아들에 대한 교사들(또는 성인들)의 젠더-민감적 시각의 중요성을 전달하는 데 기여할 수 있으리라 여긴다.

I 이성애적 이상형

일상생활 속의 상호작용 형식은 특정한 목적을 가지기보다는 체험된 것과 사회적 실천 속에서 의식된 것을 토대로 형성된다. 청소년기에 접어든 여아들은 이성애에 대한 기존의 지배적인 인식의 틀을 재현하는 형식으로 이성애적 이상형의 이미지를 형상화하는 것을 볼 수 있다. 그리고 이렇게 형상화된 이미지는 자기 사회화와 지속적인 상호작용을 통해 또래들 간의 일반적이고 보편적인 이성애적 이상형의 이미지를 창조해 내는 것으로 재형상화된다.

1) 남친의 자격: "남친은 이래야 해요"

중학교로의 전이는 여아들에게 이성애적 상호작용을 위한 중요한 함축성을 가진다. 이 시기에 여아들은 이성애의 상대로서 남친의 이미지를 형상화한다. 이러한 형상화는 남아들과는 다른 가치와 활동을 형성하는 토대가 되고, 이후 남녀 간의 상호작용에서 갈등의 소지가 된다.

여아들이 남친의 자격으로 언급한 내용들은 대부분 전통적으로 '남성다움'의 속성과 기질을 담고 있는 행위와 특성에 준한다. 예를 들면, 남친은 '거칠고, 박력 있고, 힘이 세며, 보디가드적'인 특성을 가지기를 바란다. 이러한 특성은 부모의 세대로부터 사회화된 것이기보다는 최근 일본에서 유행하는 인터넷에서 사용하는 속어를 통해 '남성다움'의 이미지를 형상화한 것으로 보인다.

(1) 카베동하고 츤데레해야 해요

6학년을 함께 보낸 9명의 아이들(규리, 수영, 승연, 루나, 보라, 태연, 민아, 지아, 하라)은 중학교로 가면서 동성 또래집단의 집단적 대립보다는 개인적 의식의 변화에 따른 개인들 간의 갈등과 경쟁의 형식을 드러낸다.[9] 이러한 갈등의 조짐은 중학교전이로 인한 동성 또래집단의 해체로 인해 생겨났지만, 집단 와해의 기폭제로 작용한 것은 승연이 '이삐들 그룹'에서 탈퇴, '못난이 그룹'으로 이동하면서부터이다. 이러한 갈등의 중심에는 여아들 간의 공통된 관심사 중의 하나인 이성애가 자리잡고 있다. 이성애적 관심은 이 시기 여아들의 가장 민감한 주제이자 흥미로운 주제 중의 하나이다. 이성애에 대한 여아

9) 이들은 초등학교 6학년 2학기부터 현재 중학교 1학년에 이르기까지 비교적 지속적인 관계를 형성하고 있다. 9명의 아이들은 두 또래집단(이삐들 그룹, 못난이들 그룹)으로 상호작용해 왔으며(오경희·한대동·정소영, 2015). 초등 여아들의 또래문화: '카스'(카카오스토리)를 중심으로. 한국교육사회학연구 25(1), 157-188을 보라). 이들은 현재 중학교전이를 기점으로 변화를 겪고 있다. 다른 학교 또는 학급으로 흩어지면서, 그동안 유지해 온 동성 또래집단은 비록 기존의 구성원들이 여전히 주축이 되어 유지되고는 있지만, 구성원들의 두 집단 간의 교차가 일어나기도 하고, 구성원의 입회 및 거리두기가 일어나는 등 변화의 조짐을 드러내고 있다.

들의 입장은 개인적인 경험으로부터 전체적인 합의를 이끌어내는 역할을 한다. 다시 말해 개인적 의식을 집단적 사고의 구체화된 이미지로 형상화하며 여아들 간의 갈등보다는 성별 집단 간의 분리를 조장하며, 여성이라는 집단적인 공동체적 의식을 불러일으킨다.

규리: 사귀기 전에는 저를 좋아하는 거 티를 내는… 그게 좋아요.
규리: 공부 못해도 되요. 저보다 잘하는 애 별로.
수영: 못해도 되요. 중요하지 않아요.
규리: 결혼할 것도 아니고….
수영: 나도 못하는데... 저는 엑소 같은 남자가 좋아요.
규리: 엑소는 완벽해요.

\- 2015. 3. 23

초롱: 시크한 사람, 앞에서 잘 챙겨주는 남자.
승연: 츤데레.
승연: 박력, 저한테만 잘하면 되요.
승연: 키 작은 남자는 별로에요. 키 큰 남자가 좋아요. 키가 크면 뭔가.
초롱: 암튼 귀여운 남자는 별로에요. (키가 크다는 것은 귀엽지 않다는 것)
승연: 키 큰 남자가 인기 좋아요, 잘생기고.

\- 2015. 3. 13

루나: 박력 있고 츤데레한 사람이 남자답다고 생각해요.
보라: 나쁜 사람보다 착한 사람이 좋아요 너~무 착한 거 말고.
보라: 근육 빵빵 핏줄은 싫어요, 박력이 좋아요…, 한 번씩 훅 들어오는 거 있잖아요. 카베... 뭐 먹고 싶다고 하면 기다리라 하고 집 주소 가르쳐 달라 하고 배달해 주는, 민지 남친은 저희가 봤을 때 박력이 쪼금 있는데, 얘는 몰라요.

\- 2015. 3. 14

중학생이 되면서 여아들은 주로 남자 연예인(주로 아이돌 가수)에 머물러

있던 이성애적 이상형을 주변의 또래 남아들에 대한 관심으로 향한다. 여전히 이성에 대한 기준은 남자 연예인들이지만, 이전과 달리 주변 남아들에게서 이러한 이상형의 모습을 찾는다는 점에서, 보다 현실 가능한 이상형을 형성한다. 이들이 생각하는 남친의 이미지는 '시크하고, 박력 있으며, 츤데레(ツンデレ, 무심한 척 하면서 챙겨주는 남자)하고, 카베동(壁ドン)[10]해야 한다'고 여긴다. 또한 이들은 남성다움의 특성을 기본적으로 신체적 조건이나 행위에서 보이는 모습과 연관시켜 평가한다. 예를 들면, 여아들은 '남자는 반드시 키가 커야 한다'고 생각한다. 이는 단순히 키가 크다는 것을 의미하기보다는 '귀여운 남자'가 아니라 '박력 있고 시크하며 나에게만 잘 해 줄 것 같은 남자'를 상징[11]한다. 여아들은 이러한 남친의 외향적 조건과 달리, 지적인 조건에 대해서는 상대적으로 무관심하다. 여아들은 자기보다 공부 잘하는 남친은 피곤하기만 하다고 여기는데, 이는 미래보다는 현재 자신들과 함께 놀아주거나 관심과 배려로 감동을 주는 이성을 더 선호하기 때문이다.

(2) 나에게는 특별해야 해요

사귄다는 것은 이성 간의 특별한 친숙함을 나타내는 것으로, 일반적인 관계와는 다른 특별한 방식의 소통이 부가된다. 여아들은 남자 친구가 '여자 친구(이성애적 관계)'와 '여자사람 친구(친구 중에서 여자인 사람)'를 구분할 것을 요구한다. 왜냐하면 그냥 친구와 이성애적 관계에서 해야 할 것과 하지 말아야 할 것이 다르다고 보기 때문이다. 이들은 이성애의 조건을 다음과 같이 언급한다.

> 보라: 나만 좋아해주고 바라봐주고 나보다 키 커야 해. 연락 잘해주고 거짓말 안 하고.

---

10) 최근 일본에서 유행하는 행위로, 여성을 벽에 밀치고 감싸 안는 듯한 제스처로 벽에 손바닥을 세게 치면서 여성이 좋아할만한 달달한 문장을 뱉는 일련의 행위를 의미한다.

11) 상징들 각각은 그 자체로 거의 지각되지 않은 채 친숙해진 형태로 담화 속에 침투하며, 이 상징은 일상생활의 직접성을 발생시키는 기초적인 리듬이나 정서적인 핵심들과 결합되어 있다(강수택, 1998: 58).

루나: 솔직히 사귀면 나한테만 잘해줘야 하는 거 아니에요?
하라: 걔 '응' 하던데.
루나: 아냐, 걔 여자애들한테 단답 써. 나한테는 안 써요.
하라: 단답 쓰면 안돼요. '응'이라도 해줘야 해요.
연구자: 왜 그렇게 해줘야 해?
루나: 독하기 싫고 귀찮아하는 것 같잖아요. 난 '응'도 싫어요. 남자가 애교떠는 것 같아서….
연구자: 그럼 뭐라고 해야 해?
루나: '웅' 해야죠, 난 남자가 그러면 더러워요.
연구자: 남자가 애교부리면 안되나?
루나: 더러워요, 싫어요.

- 2015. 1. 7

연구자: 남자가 내숭떨면 어떨까?
루나: 토할 것 같은데….
연구자: 귀여운 척하면?
보라: 더러워요.

- 2015. 3. 14

여아들은 자신의 남친이라면 자신만을 좋아하고, 바라봐주며, 지속적으로 연락(여기서는 '카톡')을 취하는 것으로 일상을 공유해야 한다. 그리고 톡의 메시지 전달에 있어서도 '여자 친구'와 '여자사람 친구'는 구분되어야 한다. 예를 들어, 여친에게는 단답형 문자(여기서는 'ㅇ.ㅇ.'과 같이 기호화된 문자)가 아니라, '응'과 같이 완전한 음절을 가진 말을 사용해야 한다. 여아들은 같은 의미를 가진 음절이라도 남친은 애교스러운 말을 사용해서는 안 된다(예: '웅'보다는 '응'이란 말 사용). 남친의 '애교스러움'은 여아들에게 유약하거나 어린 아이와 같은 이미지를 전달한다. 이는 동성 또래의 애교에 대한 부정적 정서와 별반 다르지 않다. 여아들은 동성 여아들의 애교를 '짜증나고 재수 없으며, 느끼한 음식을 먹었을 때의 느낌이고 나보다 어린애들에게 (한대) 맞은 기분 더러움'(2014. 8. 28), '찐따 같이 생겼다'(2015. 3. 13)라고 표현할 만큼 애교에 대해 부정적이다. 그러나 애교에 대한 기준은 성별에 따라 다르다. 여아들의 애교가 이성에 대해 '귀여운 척, 예쁜 척' 하는 것이라면, 남아들의 애교는 '귀여운' 언어나 행위를 하는 것을 말한다. 비록 젠더에 따라 여아들에게 '애교'의 행위 기준은 다를지라도, 기본적으로 또래들 간의 상호작용에서 금기시되는 행위라는 점에서는 동일하다.

2) 여친의 자격: "여친이 되려면 이래야 돼요"

개인의 의식은 주어진 사회적 표상과 자신의 체험의 일치 또는 불일치에 의해 구성 또는 재구성된다. 이성애적 관계에서 누군가의 여친이 된다는 것은 기본적으로 다른 성에게 이성적 매력이라고 할 수 있는 특별한 감정을 전제로 친밀한 관계를 형성하고 있다는 것을 의미한다. 그리고 이러한 이성애적 관계 역시 사회제도 및 규범이 반영된 현실적인 인간관계를 바탕으로 하고 있다는 점에서 사회적 특성을 가진다. 여아들이 이성애적 관계에서 그려내고 있는 여친의 이미지는 남친의 이미지와 마찬가지로 전통적인 '여성다움'의 속성과 기질로 거론되고 있는 것을 형상화한다. 예를 들면, 여친이 되기 위해서는 '날씬하고 예쁘며, 청순하고 섹시'해야 한다는 것이다. 그러나 이러한 인식에는 기존 사회의 성에 따른 '다움'의 고정관념적 사고를 외부적인 강제력보다는 스스로 그렇게 되어야겠다고 여기는 여아들의 선택에 의한 것이 더 강함을 볼 수 있다.

(1) 날씬하고 예뻐야 해요

전통적으로 여아들은 '예쁘고, 순하고, 깜찍하고, 연약하고, 귀엽고, 상냥한' 이미지로 양육되고 평가된다. 이러한 이미지는 여아들이 동성을 평가하는 준거인 동시에 이성애를 형성하는 전제가 된다. 여아들은 남아들에게 이성적 매력으로 어필하기 위해서는 이러한 여성적 이미지가 부각되어야 한다고 여긴다. 이에 여아들은 이러한 이미지를 갖기 위해 자신의 몸을 규제하고 강제한다.

수영: 밝은 애들, 규리처럼 눈이 이쁜 애들 그리고 날씬한 애들… 한마디로 애교살 있고 눈 크고 살 별로 없는 애들요.
규리: 수영이는 매일 그래요. (수영이는 매번 저한테 부러운 듯 이야기해요. 부끄럽게)
규리: 많이 웃는 애들. 애들은 부끄러워서 잘 못 물어봐요. 수영이는 인사도 못하고요. 남자애들한테 인기 많으려면 밝고 이쁘고 날씬하고 말 잘 걸어주고.
수영: 일단 몸이 날씬하고.

- 2015. 3. 23

초롱: 남자애들한테 인기 많을라면 이뻐야 돼요, 날씬하고.
연구자: 안 그런 애들 없어?
초롱: 있죠.
승연: 근데 성격이랑 외모 많이 봐요.
연구자: 너희 인기 많고 싶지 않나?
초롱: 아뇨.
연구자: 왜? 인기 많음 좋잖아?
승연: 성형(해야 해요).

- 2015. 3. 13

연구자: 태연이는 남자애들이랑 축구도 많이 하고 잘 놀아서 남자애들이 좋아하지 않나?
보라: 맞아요. 잘 어울려요.
연구자: 너희 생각에 남자한테 인기 많으려면 어떻게 해야 해? 태연이처럼 축구해야 하나?
보라: 아뇨. 이뻐야 해요. 솔직히, 자기들도 못생겼으면서 이쁜 여자 바래요.

- 2015. 3. 14

여아들은 이성애적 관계에서 인기 있는 여아가 되기 위해서는 무엇보다 날씬하고 예쁘게 생겨야 한다고 여긴다. 이러한 여아들의 외모에 대한 인식은 신체뿐만 아니라 정신적 억압의 요소로 작용할 수 있다는 점에서 더 큰 문제를 낳을 수 있다. 왜냐하면 여아들의 외모에 대한 열등감이 정신적 열등감으로 이어져 남의 시선에 맞게 자신을 틀에 끼워 맞추는 수동적 존재가 될 수 있기 때문이다. 예를 들면, 초롱은 스스로를 뚱뚱하고 못생겼다고 생각하고, 승연은 성형을 하지 않는 이상 예뻐질 수 없다고 생각할 만큼 외모로 인한 위축된 자아를 가지고 있다. 이러한 신체적 특성에 대한 집착은 외모를 동성 또래를 판단하는 보편적 기준으로 삼도록 만든다. 즉, 주체적 존재로서 개인의 경험과 자율성을 인정하기보다는 외모로 그 사람을 판단하는 것이다. 그럼에도 불구하고 승연이의 경우 가부장적 사회에서 여성으로서 경험하게 되는 사회적 콤플렉스 중의 하나인 외모 콤플렉스를 일부분 받아들이는 것과 동시에 이를 거부하는 특성을 동시에 나타낸다. 이는 승연이 동성 또는 이성 또래와의 관계에서 유리한 위치를 점하기 위한 것으로 일종의 주체적인 성역할 사회화라고 볼 수 있다. 그리고 이미 만들어진 세계에 살고 있지만 그 세계를 그대로 받아들이기보다는 그 속에서 거부와 변화를 위한 제스처를 취하는 것으로 세계 형성의 주도적 참여자임을 드러낸다. 이러한 승연의 행동은 '사회화하는 존재'로서 생성의 의미를 갖는다.

(2) 청순하고 섹시해야 해요

여아들은 이성애적 관계에서 유리한 위치를 점하기 위해 자신들의 이미지를 매력적으로 형상화하는 데 열중한다. 그런데 여기에는 주로 대중매체에서 상업적 목적으로 상품화된 성인 여성들의 외향적 이미지에서 비롯된 모순적인 특성이 담겨져 있다. 여아들은 한편으로는 순결한 여성을 의미하는 청순(purity)한 외모의 이미지를, 다른 한편으로는 여성의 성적 매력을 표현하는 섹시(sexy)한 이미지를 열망한다. 이는 대중매체가 전달하는 순결과 성적 매력이라는 양면적 이미지를 재현하고자 하는 열망으로, 아이들의 이성애적 관계에서 가장 선호되는 관계의 가치를 가진다.

> 연구자: 너희 나이에 섹시한건 어떤 건데? 섹시할 게 없잖아.
>
> 지아: 몸매가 좋은 거.
>
> \- 2015. 3. 11

> 연구자: 너희 생각에 여성스러운 건 뭔데?
>
> 승연: 청순, 섹시.
>
> 연구자: 섹시한 건 뭐야? 어떤 거라고 생각해?
>
> 초롱: 레드벨벳 멤버[12]가 우리랑 두 살밖에 차이 안나요.
>
> \- 2015. 3. 13

> 루나: 남자애들은 몸매나 얼굴 봐요.
>
> 연구자: 너네 몸매랄 게 없잖아?
>
> 보라: 없으니까 (남자애들이) 우리 학교 애들이랑 안 사귀는 거죠, EXID[13]의 하니처럼 엉덩이 흔드는 애들.
>
> \- 2015. 3. 14

여아들은 남아들이 청순하고 섹시한 이성을 좋아한다고 생각하며, 같은 또래의 여자 아이돌 가수를 롤모델로 삼는다. 그러나 아이들이 생각하는 청순함과 섹시함은 성인들이 생각하는 것과는 사뭇 다르다. 예를 들면, 청순한 여자는 '욕 안 쓰고 착하며 내숭떠는 약하게 보이는 여자'이고, 섹시한 여자는 '몸매가 좋은 여자(2015. 3. 11)'이다. 이때 여아들은 청순한 여자보다 섹시한 여자를 지향하는데, 청순한 여자는 '내숭떠는 여자, 남자애들 앞에서 약한 척하

---

12) 2015년에 결성된 여성 아이돌 가수로, 멤버로는 웬디, 아이린, 슬기, 조이, 예리가 있는데 예리의 경우 만 16세로 현재 연구 참여자 아이들과 2살 차이난다.

13) 2012년에 결성된 여성 아이돌 가수로, 멤버로는 LE, 정화, 하니, 솔지, 혜린이며 이들은 솔지(1989년생)를 제외하고는 모두 1990년대 출생으로 결성 당시 10대 후반에서 20대 초반의 연령대를 이루고 있으며, 특히 하니는 튀는 외모와 예능감으로 아이들에게 인기를 많이 얻고 있다.

는 '똘끼'(일명 '또라이의 끼'의 줄임말)[14]가 충만한 여자, 불여시 같은 여자(2014. 11. 11)로 보기 때문에, 남아들에게는 인기가 있을지라도 여아들 사이에서는 소외될 가능성이 크다. 여아들은 섹시란 '몸매가 좋은 것'(2015. 3. 11)이며, 섹시한 여성은 TV에 나오는 아이돌 여자 가수들처럼 군살 없이 날씬하고 마른 몸을 가지고 엉덩이를 흔드는 행동을 한다는 생각을 갖고 있다.

이에 여아들은 섹시한 여친이 되기 위해 주로 아이돌 여자 가수처럼 되어야 한다고 생각한다. 이는 한편으로는 아이들의 또래문화가 대중문화의 압력으로부터 자유롭지 않음을 나타내지만, 다른 한편으로는 대중문화를 그대로 받아들이기보다는 재해석을 통해 자신들의 문화를 만들어 나간다는 점에서, 단순한 재현이 아닌 창조적 활동으로 볼 수 있다.

특히 젠더적 접근은 시간적 흐름과 사회문화적 가치를 반영한다는 점에서, 언제나 새로운 가능성의 여지를 남겨놓는 '-ing'가 되어야 한다. 지금 아이들의 문화에서 받아들이고 있는 몸에 대한 이미지는 기존의 가부장적 사회에서 생물학적(여기서는 신체적) 성차이로 인한 열등감의 표현양식으로 보기 힘들다. 이들의 몸에 대한 규정은 성 차별적 구조에 입각한 것이라기보다는 현재 자신들이 믿는 의미의 체계이자 상징적 표현이며, 다음 순간 다시 조정되고 재구성될 수 있는 지속적으로 변화 가능한 젠더질서인 것이다.

2 연애의 규칙

이성애적 관계는 실제적인 사귐의 절차와 과정을 통해 형성된다. 형상화된 이성애에 대한 이미지와 달리 실제 사귀는 과정은 일종의 관행처럼 또래집단의 구성원들이 당연하게 여기는 것들을 마땅히 따르는 것이다. 이 시기의 아

14) ① 일명 또라이를 뜻함. ② 남들이 못하는 걸 하는 사람의 끼를 뜻함. ③ 정신이 이상한 사람을 대신해서 쓰는 말. 또라이의 끼의 줄임말. 보통 뭔가 부족한 행동을 했을 때 사용한다(naver 국어사전).

이들에게 이성과의 사귐은 Thorn(1993)이 언급한 것처럼, '유행하기 때문에, 개인적 욕망과 또래들 사이의 지위를 확보하는 하나의 방법이기 때문에 또는 더 성숙한('십대')의 여성 또는 남성으로 보이기 때문에' 하는 것일지도 모른다. 어떠한 이유에서든 이성과의 사귐은 한편으로는 젠더 분리적 활동의 경계를 더 뚜렷하게 만들기도 하지만, 다른 한편으로는 동성 친구뿐만 아니라 이성 간의 경계를 넘어 공통의 소재가 된다는 점에서 소통의 매개적 역할을 한다.

1) 연애의 정석

이성의 이상형에 대해 또래들과 공유하는 규칙이 존재하듯이, 연애의 과정에서도 사귐의 방식이 어느 정도 공유되고 있다. 예를 들면, 여아들은 연애의 시작은 반드시 '남아들의 고백과 여아 또래집단의 동의'가 필요하며, 만약 그렇지 않다면 남아들의 놀이에 참여하는 것으로 자연스럽게 이루어질 수 있다고 여긴다. 이는 여아들에게 보편적인 연애에 관한 규칙이다. 그러나 이러한 규칙은 기성문화 속에서 사회화된 형식으로만 보기 힘들다. 특히 '동성 또래집단의 동의'와 같은 규칙은 아이들이 자신들의 문화를 재생산 및 생산하는 과정에서 직접 참여, 상호작용하는 과정에서 형성된 것으로 볼 수 있다.

(1) 고백은 남아가, 선택은 여아들이

이 시기 여아들의 이성과의 사귐은 역동적이라고 표현하는 것이 무겁게 느껴질 만큼 변하기 쉬운 관계를 형성하고 있다(예를 들면, 사귄 지 20일째 되는 날을 기념하기 위한 이벤트 행사가 있을 만큼). 그러나 이렇게 연약한 사귐의 관계에서도 그 시작의 단계에서부터 공통적으로 지켜야 하는 규칙 및 일련의 절차들이 존재한다. 즉, 사귐의 시작은 '남아들이 고백하고, 여아들이 받아들이는' 형식을 취해야 한다는 것이며, 관계의 수락여부는 고백 받은 여아 개인의 의견보다는 '동성 또래집단의 동의'가 우선되어야 한다는 것이다.

연구자: 승연이 남친 생겼어?

보라: 황동현 걔가 고백했어요.

승연: 우리 반 쌤도 그런 말 했어요. 쌤이 그럴 것 같았대요. 일부러 동현이랑 짝지 하려고 했던 게 아니냐고.

보라: 아니잖아. 걔가 뽑은 거잖아.

승연: 걔가 금요일에 나한테 고백했어요.

연구자: 동현이 어때?

승연: 네 잘해줘요. 걔가 그랬어요. 짝지 바꾸는데 누구 되면 좋겠냐고 하니깐, 못난 이들만 아니면 된다고.

연구자: 너희는 남친 어디가 좋아?

보라: 그냥 좋아요. 저는 제가 좋아하는 사람보다 저를 좋아해주는 사람을 사귀는 게 좋아요. 솔직히.

- 2014. 11. 27

연구자: 누가 (사귀자고) 고백했어?

승연: 당연히 그 애가 했죠. 여자가 어떻게 해요.

연구자: 할 수 있지 않나?

민아: 여자는 그런 게 많아요. 차이면 어떻게 하지 하는….

- 2015. 1. 29

연구자: 하라한테 대시하는 남자애들 많지?

보라: 네. 더럽게 많아요.

연구자: 근데 왜 안 사귀는데? 대시 왔을 때 거절하는 이유는 뭔데?

태연: 못생겨서.

보라: 별로…

연구자: 무조건 거절하니?

태연: 괜찮은 남자다 싶음 받는데, 우리가 봤을 때도 내가 봤을 때도 아니면…

연구자: 근데 내가 봤을 땐 아닌데 친구들이 봤을 때 괜찮으면 사귀려고 하니?

보라: 네.

연구자: 그 반대는?

보라: 그런 경우가 한 번도 없었어요.

연구자: 그럼 루나는 너는 별론데 애들이 괜찮다고 해서 사귀는 거니?
루나: 괜찮긴 괜찮았는데….

- 2015. 3. 15

이성애적 관계에서 여아들은 보다 소극적이며 수동적인 존재로 비춰진다. 여아들은 마땅히 남아들이 먼저 고백해야 하며, 그렇게 시작되는 것이 정식이라고 여기는데, 이러한 생각은 자신이 좋아하는 사람보다는 자신을 좋아해 주는 사람을 선택해야 한다는 성인 여성들의 연애에 관한 생각과 별반 다르지 않아 보인다. 그리고 여아들은 선발하는 주체와 선발되는 객체로 나누는 이분법적 사고를 통해 이성애적 관계를 본다. 이는 이성에 대한 자세가 진정한 관심보다는 일종의 객관화된 체계에 의해 규정되는 관계로 대하는 것처럼 보인다.

여아들은 이성애와 관련된 자신의 생각을 객체화된 집단적 표현(예를 들면, '여자는, 남자는, 남자애' 등)으로 답하는 언어적 특성을 갖고 있다. 예를 들어, 본인이 비호감으로 여기는 이성일지라도 동성 또래집단의 친구들이 남친으로서 자격이 있다고 평가하면 이성친구로 받아들인다(물론 그 역도 마찬가지이다). 이처럼 여아들이 자신의 생각보다는 동성 또래집단의 의견을 더 중요시하는 것은 집단 속에 자신을 감추는 방식으로 길들여진 여아들의 교육(또는 양육)에서 체화된 표현의 한 형식으로 볼 수도 있다. 그러나 그보다는 실제로 이 시기의 여아들이 동성 또래와의 관계를 더 우선시한다는 점에서 그 이유를 찾을 수 있다.

(2) 함께 놀면서…

최근 사이버 공간이 아이들의 주요한 생활 공간이 됨에 따라 이성과의 사귐도 카스와 같은 SNS를 통해 이루어지는 경향이 많아지고 있다. 사이버 공간에서의 만남에도 나름대로의 절차가 있다. 아이들은 온라인상에서 1차적으로 서로의 성격이나 관심사를 맞춘 뒤, 서로에 대한 호감을 확인하고, 오프라인의 현실에서 만남을 가진다. 그러나 초등학교 다닐 때부터 소위 '남자사람 친구'(또는 여자사람 친구)라면, 이미 서로에 대해 많은 정보를 알고 있기 때문에 초기 탐색활동은 생략된다.

이들의 이성애적 관계에서는 '남자사람 친구'에서 어떻게 '남자친구'라는 이성애적 관계로 발전하게 되는지에 포커스가 맞추어져 있다. 인터뷰에 따르면, 여아들은 이성애적 관계로 발전하게 된 계기를 "(남아들과) 같이 어울려 놀다가. 고백하게 되면서"(2014. 11. 11)라고 언급한다. 그런데 젠더-크로스(gender-cross) 놀이는 주로 남아들이 선호하는 놀이(예를 들면, 컴퓨터 게임이나 스포츠 게임 등)에 집중되어 있기 때문에, 실제로 놀이 참여는 여아들이 젠더 경계를 넘어 남아들의 놀이에 참여하는 형식을 따른다. 실제로 여아들이 선호하는 화장하기, 쇼핑하기, 노래방 가기 등과 같은 놀이에 남아들이 참여하는 일은 거의 볼 수 없다.

연구자: 지아가 게임을 해서 남친이 많았던 거니?
지아: 남자애들이 게임을 하잖아요. (게임하면서) 말도 많이 하고…뭐하는지, 뭐했는지, 뭐 할 건지 이런저런 대화를 많이 하게 되니까…
연구자: 다른 여자애들은 게임 안하잖아. 그런 애들은 남친 어떻게 사귀어?
지아: 카스나 SNS 하면서 같이 놀거나 친해지면서…. 착하고 좋은 면이 한 가지라도 있으면 돼요. 이쁘면 돼요. 남자애들이 그랬어요. 몸매가 좋고 (이쁘면 된다고).

연구자: 너희는 어떤 남자애들한테 대시해?
지아: 대시 안 하는데… 하는 애들도 있는데, 내숭 떨고….

- 2015. 3. 11

지아가 남친(용석)을 사귀게 된 것도 남아들이 즐겨 하는 게임(주로 폭력적 게임)에 참여하면서부터이다. 지아는 무조건 동생 편을 드는 부모님과 잦은 갈등을 일으킨다. 이로 인해 가정에서 자의 반, 타의 반으로 자주 분리된 생활과 소외를 경험한다. 가정에서 지아의 이러한 주변적 위치는 혼자서 즐길 수 있는 컴퓨터 게임에 몰두하게 하는 촉매제가 되며, 점점 컴퓨터 게임이 가정에서 유일한 대화의 창 역할을 한다. 지아는 컴퓨터 게임 중에서도 특히 현재의 분노를 간접적으로 해소해 줄 수 있는 폭력 게임에 집중한다. 지아의 이러한 게임 취향은 남아들의 게임 취향과 일치하는 것으로, 남아들과 자연스러운 소통의 관계를 형성하는 요인이 된 것이다. 예를 들면, 지아는 남아들과 폭력 게임에 관해 다양한 관심사를 나누는 과정에서, 사소한 일상을 공유하며 자연스럽게 친밀한 관계를 형성할 수 있었다.

그런데 여기에도 여아들의 '사귐의 규칙'에서 금기시되는 것이 있다. 이성애적 관계를 형성할 때 먼저 여아들이 남아들에게 내숭을 떨며 접근하지 말아야 한다는 것이다. 이에 지아는 남아들의 놀이에 적극적으로 참여하지만 여아들의 또래집단에서 금기시되는 '내숭떠는 것으로 여자가 먼저 접근하지 말 것'이라는 규칙을 준수하려고 조심한다.[15]

> 창진: 우린 축구에 더 관심이 많아요.
> 창진: 태연이 축구 잘해요. 여자애들 축구하는 애 없는데, 태연이만 해요.
> 연구자: 태연이가 그래서 남자애들이랑 잘 어울리는구나. 태연이 남자애들한테 인기 많아?
> 창진: 네.
> 연구자: 너희 남자한테 인기 많으려면 어떻게 해야 해?
> 동현: 성격이 잘 맞고 활발해야 해요.
>
> \- 2015. 3. 14

> 연구자: 태연이 남자애들한테 인기 많지?
> 규리: 이상한 애, 인기가 많지 않아요. 걔가 먼저 고백하기도 하고….

---

15) 남아들의 생각을 확인하고자 이 부분에서는 남아들(창진, 동현)과의 인터뷰 내용을 첨가하였다. 이들 남아들의 특성을 간략하게 소개하면, 동현은 키가 가장 작고 왜소하지만, 다양한 스포츠활동을 즐기며, 성격은 원만하고 적극적이다. 활달한 성격으로 인해 여아들과도 고민을 나눌 만큼 친하게 지낸다. 시험성적에 따라 외출이나 전화사용을 제한하고 있을 만큼 가정에서 학교성적에 대한 관심이 높다. 창진은 통통하고 귀여운 외모를 가지고 있으며 어떤 이야기나 질문에도 적극적인 반응을 보이며 공감해주는 원만한 성격을 가졌다. 아직은 이성에 대한 관심보다는 또래들과의 놀이에 더 적극적인 편이지만, 자신의 여친에 대한 구체적인 이미지를 가지고 있다.

규리: 제가 볼 때는 남자애들하고 쉬는 시간마다 뛰어다니면서 놀고 너무 남자애들하고만 놀아요. 남자애들 옷 입고 스킨십도 많고, 같이 축구하고….

- 2015. 3. 23

남아들은 축구나 야구와 같이 주로 팀을 이루어서 하는 스포츠에 관심이 많다. 그 가운데에서도 축구는 남아들이 자주 하는 놀이 중에 하나이지만, 대표적인 젠더분리적 활동이기도 하다. 그런데 남아들의 축구가 젠더분리뿐만 아니라 동성 여아들 간의 분리를 일으키는 요인이 되기도 한다. Thorne(1993: 53)이 젠더플레이를 통해 '평균의 횡포'라고 언급한 것과 같이, 축구를 중심으로 여아들 간에도 이와 같은 분리적 특성을 볼 수 있다. Thorne은 다음과 같이 언급한다.

> "유아교육기관에서 아이들의 놀이를 보면, 어떤 남자아이들은 결코 큰 블록이나 장난감 차량을 가지고 놀지 않으며 놀더라도 아주 드물게 놀며, 어떤 소녀들은 그러한 장난감을 가지고 논다. 평균적으로, 소년들은 소녀들보다 다소 높은 강도의 활동을 하지만 가장 활동적인 소년과 가장 활동적이지 못한 소년 그리고 가장 활동적인 소녀와 가장 활동적이지 못한 소녀들 간의 범위가 모든 소녀들과 모든 소년들을 집단적으로 비교한 통계적 차이보다도 훨씬 더 크다. 즉, 평균차이를 마치 절대적인 것처럼 말하는 잘못된 실천인 소위 "평균의 횡포"라 불리는 것에 대해 주의 깊게 살펴야만 한다."

그러나 Thorne이 언급한 아이들과 달리 여기 아이들은 집단 간의 수치적 차이에서 오는 횡포라기보다는 동성 여아들 간의 분리적 행위가 결과적으로 젠더분리적 형식을 만든 것이다. 여아들은 모두 활동적이며, 태연의 경우도 경계를 넘어 남아또래집단에 참여할 만큼 적극적이다. 그러나 태연은 지아처럼 남아들이 선호하는 놀이에 참여하는 것으로 젠더-교차적 활동을 하지만, 동성 또래집단에서는 소외된다. 이는 태연이 이성애의 규칙(먼저 고백하지 않기, 남아처럼 행동하지 않기 등)을 어겼기 때문이다. 실제로 태연은 남아들처럼 행동함으로써 남아들과 (지아보다)더 돈독한 관계를 형성하며 남아들의 세계에서 인정받고 있지만(예를 들면, 축구를 잘한다, 성격이 좋다, 인기 많다 등), 여아들로부터는 소소한 일상과 정보로부터 소외되기 일쑤다. 태연의 소외는 젠더로 인한 것이 아니라 동성 또래문화를 공유하지 않아서 생긴 것이다. 이는 Thorne(1993)이 교차－젠더적 놀이에서 '톰보이(소년스러운 소녀)'는 소녀들 사이에서는 문제가 되지 않는다고 언급한 것과는 다소 차이가 있다.

2) 연애의 기술

여아들은 연애의 시작 단계에서는 동성또래집단의 규칙을 어느 정도 따르지만, 연애의 과정(사귐과 헤어짐)에서는 정해진 규칙보다는 일상적 경험에서 얻어진 다양한 행동패턴들을 참고로 한다. 즉, 연애의 과정에서 아이들은 나름대로의 방식을 선택하며 자신들만의 교제 방식을 취한다. 예를 들어, 사귀는 아이들은 이미 절친한 동성 또래집단과 그들의 절친한 또래들의 관심을 받지만, 학교 내 공식적 커플로서 드러나는 것을 꺼린다. 이는 또래들로부터 부러움과 시기의 대상이 될 수 있다는 견지에서 발생될 수 있는 부정적 관심과 행위로부터 거리를 두기 위함이다. 또한 아이들은 이별의 과정에서 서로 다른 뒤틀린 이해를 갖고 있지만, 비교적 상호 수용적인 자세를 취하려 한다는 점에서 이별에 대한 나름대로의 예의를 지키려고 한다.

(1) 있잖아요, 지금은 비밀이에요

6학년 2학기가 되면서 여아들의 주된 관심 주제는 '누가 누구와 사귀고 왜, 언제 헤어졌는지'에 대한 것이다. 또래들의 이러한 관심은 사귐 자체를 비밀로 만들게 하는 요인이 되기도 한다. 왜냐하면 연애는 또래들로부터의 놀림 또는 가십거리의 근원을 제공하기 때문이다.

연구자: 규리는 왜 남자친구 안 사겨?

규리: 제가 남자애들하고 친했었는데, 근데요. 걔네들 여자 친구가 제 짝지고 여자 친구들이었는데, 저랑 친하단 말이에요. 저는요, 남자애들 별로 안사귀어 봤단 말이에요. 애들이 저한테 고백 들어온 거 알잖아요. 그럼 애들이 제가 사귄다고 생각한단 말이에요. 그럼 내가 완전 남자 많이 사귄다고 생각한단 말이에요. 모르면서 그래요. "니 누구한테 고백 받았다며" 하는데, 제가 나중에 다른 애랑 사귀면 이상하게 보고, 제가 (많이) 사귀지도 않았는데 그래요.

연구자: 아이들끼리 말을 지어내는가 보네.

규리: 지들끼리 말하다 보면 그렇게 되나 봐요. 그리고 남자애들도 없어요. 진짜 못생겼어요. 눈이 진짜 악어만한 애도 있어요. 지아랑 사귀잖아요. 걔도 저 엄청 좋아했는데, 저는 엄청 싫어했단 말이에요. 맨날 욕하고….

연구자: 지아는 왜 사귀어?

규리: 좋나보죠. 지아도 좋아해요.

연구자: 너희는 누가 누구랑 사귀는지 다 알아?

규리: 거의….

- 2014. 11. 11

연구자: 승연이가 남친 사귀는 것을 비밀로 했었잖아. 너희들 왜 비밀로 해?

지아: 몰라요, 안 알렸음 좋겠죠. 애들이 물어보고 그러니까. 알면 '오~'그러고 손잡으라고 안으라 하고.

연구자: 싫어?

지아: 싫죠. 애들 보는 앞인데.

- 2015. 3. 11

연구자: 너희는 왜 사귀는 것을 비밀로 하니?

보라: 애들이 놀려서요.

태연: 복도에서 밀어서 안으라고 하고, 손잡으라고 하고, 선생님한테 불려가서 학교에서 그러지 마라고 말도 듣고….

- 2015. 3. 14

일반적으로 여아들은 남아들의 지속적인 관심의 대상이 되기를 원하지만,

사귀는 것이 공개되는 것은 꺼려한다. 아이들은 사귀는 동안에는 학교에서 서로 '모르는 척 하는 것'이 상대에 대한 배려(또는 예의)라고 여긴다. 왜냐하면 '~와 사귄다'는 것은 인기 있는 여아로 평가되어 때로는 선망의 대상이 될 수도 있지만, 다른 한편으로는 창피와 놀림, 경쟁과 질투의 요인이 될 수 있기 때문이다.

동성 또래집단의 여아들, 특히 친밀한 관계를 맺고 있는 절친들 사이에서는 '누가 누구와 사귀는지' 또는 '왜 헤어졌는지'에 대해서 낱낱이 다 알고 있어도 모르는 척한다. 굳이 학교 내에서 공개된 커플로 주목받고 싶어 하지 않는 것을 알기 때문이다. 게다가 현재 학교 성폭력에 관해 민감한 반응을 보이는 사회 현상을 반영할 때, 이성교제는 교사의 훈육 대상이 될 가능성이 높다. 그럼에도 불구하고 사귀는 과정에서 동성 또래집단의 평가가 중요한 영향력을 행사한다는 점은 변함없다. 이성교제는 친한 또래관계에서는 비밀 아닌 비밀이며, 이 역시 또래들 간에 지켜줘야 할 규칙이다.

(2) 이별을 대하는 아이들의 자세[16)]

연애의 과정은 사귀기 위해 관심을 기울이는 상태와 헤어짐의 상태 모두를 포괄하는 하나의 과정이라고 할 수 있다. 삶이 만남과 헤어짐의 연속체로 이루어지듯이, 누군가와 사귄다는 것은 어떤 식으로든 헤어짐을 전제로 한다. 청소년기에 접어든 여아들의 연애의 과정도 상황과 관계가 얽혀져 만들어 내고 있는 진행형(-ing)이다. 만남 그 자체는 헤어짐과 분리된 상이한 실재가 아니라, 연속선상에 있어 피할 수 없는 인간 상호 간의 관계 발전의 기반에서 형성된 상황적 관계인 것이다. 이러한 맥락에서 아이들의 이별은 대체가능한 이별로서, 다시 만나기 위한 이별로서, 새로운 만남의 시작을 알리는 이별로서, 일련의 성장 과정에서 일어나는 순환적 만남의 또 다른 이름으로 불릴 수 있다.

---

16) 여기에서는 남아들의 인터뷰 내용을 첨가하여 여아들의 이성애적 관계의 변화 과정을 보다 구체적으로 드러내고자 하였다.

연구자: 루나야, 남친이랑 헤어졌어?

루나: 네. 헤어졌어요. 있죠. 다시 고백할 때 잘한다고 했는데, 15일 동안 톡 한 번을 안했어요. 사정 있는 것도 아니고. 카스는 해요. 그리고 지현이가 카스에 '톡할 사람' 하니까, 첫 번째로 '나' 하는 거예요. 너무 어이없잖아요. '사귀는 거 맞냐?'라고 보냈어요. '내가 싫으면 말로 하라고, 가만 있으면 모른다고'. 그래 가지고 헤어졌는데, 첫날에는 안 봤거든요. 뒤에 보고, 그래서 헤어진거죠.

연구자: 그럼 끝이야?

루나: 그저께 말을 했는데 어제 답이 왔어요.

연구자: 루나, 남친이랑 헤어져서 어떻게 해?

루나: 사귄 거랑 안 사귄 거랑 같아요.

연구자: 보라는?

루나: 헤어졌죠, 싫대요. 이제 권태기 같은 게 와서…. 이제는 별로 잘해주지도 않고, 너무 많이 사귄 것 같아요. 150일 넘었을 걸요. 이제 막 톡해도 좋지도 않고 그렇대요. 그래서 좋은 친구로 지내자고 했대요.

- 2015. 4. 2

연구자: 보라야, 너 왜 헤어졌니?

보라: 질렸어요.

연구자: 연락 안 해? 오래 만났잖아?

보라: 네.

연구자: 이제 누구 사귈거야?

보라: 사귈 마음이 없어요. 내가 좋아하는 사람이 없잖아요.

연구자: 루나는?

루나: 없어요. 그런데 애들이 헤어졌다고 하면 여중에서 언제 사귀어보냐고….

보라: 난 내가 헤어지자고 했으니까….

- 2005. 4. 9

연구자: 동현이가 고백 받은 거야?

동현: 심심해서 카톡하면서 진실게임 했는데….

보라: 연애인 듯 연애 아닌 연애 같은.

동현: 헤어질려고요, 뭔가 내가 고백해야 될 것 같아요.

창진: 동현이는 바람둥이예요. 그 애가 아까워요.
연구자: 동현아 여친 생겨서 좋지 않나?
동현: 잘 모르겠어요, 고백은 여자가 하는 건 아닌 것 같아요.
보라: "난 니가 지겨워서 헤어졌다"하고 "내가 다시 고백할 테니까 받아줘"라고 해라.
동현: 난 그냥 "챙겨주지 못해서 미안하다 헤어지자"라고 할래.
보라: 저런 말, 진~짜 짜증난다.

- 2015. 3. 14

루나와 보라는 그동안 사귀던 남친과 헤어졌다. 루나의 경우는 '톡을 자주 하지 않아서', 보라는 '권태기가 와서' 헤어진 것이라고 한다. 구체적으로는 남친이 더 이상 톡을 하지 않거나 다른 사람들과 비교해 특별히 잘해주지 않아서 더 이상 이성애적 관계를 유지할 필요가 없다고 판단한 것이다. 말하자면 남친의 '무관심'이 헤어짐의 이유가 된 것이다.

그러나 남아들의 반응은 다르다. 동현의 경우는 여친을 '잘 챙겨주지 못해서, 미안해서'라며, 마치 여친을 배려해서 헤어지기로 한 것처럼 언급한다. 그러나 실상은 '자신이 여친을 선택하지 않고 여친이 자신을 선택해서 사귀게 된 것에 대한 불편함 때문에' 헤어진 것이다. 남아들은 여친과 헤어질 때 배려하는 듯한 제스처를 취하는 것('상대방이 싫어서가 아니라 자신이 부족해서'라는 말로)이 자신들의 품위를 유지('폼생폼사')하는 방법이라고 여긴다. 다시 말해 이별을 고할 때에서조차 남자답게 행동하는 것(또는 그렇게 보이게 하는 것)이 그들만의 규칙이 되고 있다. 왜냐하면 남성은 보다 약한 여성을 대할 때, 특히 그녀에게 먼저 이별을 고할 때, 모든 잘못을 자신의 탓으로 돌리는 것이 남성다운 행동이라고 보기 때문이다. 이처럼 이별을 대하는 남아들의 행동에서도 연애의 공식인 '시작은 남아가 먼저 고백해야 한다'라는 규칙이 작용하고 있다.

다시 말해 아이들의 연애의 전 과정(사귐의 시작에서 헤어짐에 이르기까지)에서 젠더 유형적 규칙과 젠더적 특성이 드러나고 있다. 이러한 맥락에서 연애는 또 다른 형식의 기존의 성역할 고정관념의 통로가 될 가능성을 있다. 그러나 일련의 이러한 행위들 속에서 아이들이 적극적으로 참여하고 상호작용하며 협상하는 것을 볼 때, 성인문화에 대한 상대적 자율성을 가진 독자적 문화로서 또래문화의 창조적 의미를 찾을 수 있다.

3 에필로그

여아들의 이성애문화는 기존의 젠더구별적인 '-다움'을 재생산하는 역할을 한다. 그러나 이러한 '다움'에 대한 지향이 외부적 강제에 의한 것이라기보다는 자기 선택에 의해 받아들여진 것이라는 점에서, 단순히 성인의 문화를 모방하거나 내면화하는 것은 아니다. 아이들은 성인의 문화를 이해하기 위한 과정에서, 참여하고 해석하고 재해석하는 것으로 자신들의 문화를 생산한다. 이러한 점에서 아이들의 문화는 단순히 성인 모방의 문화가 아니라 상대적 자율성을 가진 독자적 문화이다.

특히 중학교전이 시기에서 나타나는 여아들의 이성애문화를 통해 이 시기의 여아들이 이성애를 본격적으로 시작한다는 점, 그 과정에서 나름대로의 독특한 이성애문화를 형성한다는 점, 무엇보다 여아들의 동성 또래집단이 이성애문화의 젠더적 특성에 중요한 영향을 미치고 있다는 점에서 여아들의 이성애문화 속의 젠더적 특성은 재생산 및 생산적 특성을 가진다.

또한 이러한 특성은 중학교전이의 시기가 가지는 전환점으로서의 분기적 특성과 더불어 중요한 교육적 논의를 불러들인다. 중학교전이가 청소년기의 통과의례처럼 받아들여지며 물리적 환경뿐만 아니라 문화적 의식을 동반한다는 점에서, 비록 전이로 인한 변화가 아이들의 개인적 특성에 따라 다소 다르게 받아들여지기도 하지만, 일반적으로 여아(또는 남아)들의 십대문화를 상징하는 표출 방식은 거의 보편적 특성을 가진다는 것을 이해할 수 있다. 그리고 이러한 중학교전이가 십대문화를 생성하는 집합적 특성과 실천들이 조직됨에 따라 청소년만의 또래문화와 젠더 특성을 형성하는 분기점 역할을 한다는 점에서, 새로운 무엇을 창조해 낼 수 있는 가능성을 가진다는 점에서 변화의 시기로서 의미를 지닌다. 즉, 아동과 성인의 과도기적 발달상의 경계와 마찬가지로 이 시기의 아이들의 행위에서 나타나는 젠더적 특성은 모호함과 그 경계의 흐릿함을 특징으로 하는 문화적 특성을 가진 독특한 젠더또래문화를 형성한다는 것이다.

게다가 이 시기의 아이들은 자신들의 반 친구들의 수용을 얻기 위해 새로운 사회적 역할을 탐구하며(Pellegrini & Long, 2004), 자발적인 자아-통제 및 자아-의식 속에서 다른 사람이 원하는 방식과 자신들이 목적을 획득하기 위한 방식으로 사회적 기술을 발달시켜 나간다(Handel, Cahill & Frederick, 2007). 이러한 사회적 기술을 발달시키기 위한 기회를 제공하는 것이 우정집단이다(오경희, 2012). 우정관계는 정서적 유대와 배제를 매개로 '기꺼이 함'으로써 젠더에 적합한 행동을 재강화하는 젠더 사회화의 기제로서 역할한다. 이처럼 우정을 기반으로 형성된 '젠더 의식'은 "나로부터 너로의 전환을 위한 자신의 변화를 위한 노력"(오경희, 2012)을 통해 강화된다. 그리고 동성 또래집단의 우정문화는 사회적 관계를 형성·유지해 나가기 위해 '젠더 자기사회화'(gender self-socialization)를 부추기며 집단적 젠더 특성을 공유해 나가는 것으로 젠더 정체성에 영향을 미친다.

일련의 이러한 특성들은 소녀들이 어떻게 상호작용하며, 무엇에 어떤 의미를 부여하며, 사회적 관계를 유지하기 위해 어떤 젠더적 특성을 공유해 나가는지, 이 과정에서 동성또래집단은 어떤 역할을 하는지에 대한 이해를 도우며, 이 시기가 젠더에 대한 전환적 사고를 가져올 수 있는 적기가 될 수 있음을 전달한다. 더불어 이러한 논의들이 이 시기의 아이들에 대한 교사들(또는 성인들)의 젠더-민감적 시각의 중요성을 촉구하며, 다양한 사회문화적 배경, 연령, 성 등으로 인해 복합적으로 일어날 수 있는 아이들의 독특한 젠더적 경험과 의식에 관한 교육적 관심을 불러일으키는 촉매제가 될 것이다.

03 PART

놀이, 배움, 학교공동체

Chapter 07 놀이와 배움

Chapter 08 학교로의 귀환: '배움'과 '돌봄'의 학교공동체

07 Chapter

놀이와 배움

디지털 원주민(digital native)이라 불리는 4차 산업혁명시대의 인류는 과학기술의 급속한 변화 속에서 주저앉거나 나가거나 양자택일을 해야 하는 불안한 선상에 서 있다고 해도 과언이 아니다. 산업혁명보다 몇 십 배(또는 몇 백 배)의 충격이 가해질 것으로 예상하는 과학자들의 예견을 굳이 거론하지 않더라도, 나날이 새롭게 변화된 모습으로 일상생활을 침투해 오고 있는 과학기술의 변화는 편의성이라는 도구적 역할을 넘어 인간의 의식 변화에까지 영향을 미치며, 기계와 인간이 더 이상 분류될 수 없다는 전망을 현실화하고 있다. 이는 모든 '경계의 해체'(또는 모호함)를 통해 한편으로는 지식과 관계의 융합을, 다른 한편으로는 파편화된 다양한 주체들을 배경으로 '보편적인 것'으로부터 '새로운 것'을 창조해 나가는 것을 일상화하도록 만든다. 다시 말해 객관적인 진리 체계에 대한 의심을 배경으로, 다양성을 토대로 한 지속적인 생성과 변화를 요구한다.

이는 교육 분야 역시 간학문적 또는 초학문적 패러다임으로의 전환이 불가피한 시대적 요구이자 사명이며 변혁의 목표가 되어야 한다는 의식의 전환을 촉구한다. 특히 모든 공교육의 시초가 되는 유·초등 교육이 미래 사회의 구성원으로서 뿐만 아니라 새로운 사회를 여는 주체로서 역할과 가치를 일관할 수 있는 역량을 가진 시민 또는 리더 양성의 토대를 마련해야 한다는 점에서 책무성이 강하다.

미래사회에서 필요로 하는 인재가 다원적이고 총체적인 역량을 갖춘, "고차적 역량(high order capability)"(최상덕 · 유성상 · 이명 · 전병우, 2010)의 소유자라면 이를 기르기 위해서는 지식의 축적과 소유를 중시하는 규범적인 장(field)이 아니라 확장과 창조의 통합적 능력을 기를 수 있는 열린 장(field)이 요구된다. 왜냐하면 고차적 역량은 비판적 사고력, 창조적 문제해결능력, 의사소통능력, 다양한 문화 및 인종의 사람들과 더불어 사는 능력 등을 포함한 역량(최상덕 외, 2010)으로, 미래사회의 융복합 현상에 대처하기 위한 역량이다. 융복합 현상은 특정한 물질적 현상으로서 존재하기보다는 자연이나 사물과의 관계에서 인간의 본질 규정이 이루어지는 인식론적이며 방법론적인 문제로 귀착되는 것을 말한다. 이 현상은 지속적인 변화의 생성을 추동하면서 동시에 추동의 근거로 삼는다는 점에서 이질성과 다양성이 존재하는 학문 간 또는 집단 간의 지식 및 관계의 융합을 절대적으로 필요로 한다. 이때 융복합 역량은 지적, 정서적, 감성적 측면 모두를 겸비한 인지적 · 비인지적 역량을 포괄하는 것으로, 사회 전반에서 일어나고 있는 융복합 현상에 집중하여 과감한 경계 넘기를 가능하게 하는 통합적 능력을 의미한다. 융복합 역량은 많은 양의 지식 축적이나 지식 간의 연결능력 그 이상의 능력으로, 특정한 상황에서 효율적으로 적용할 수 있는 창의적 사고를 발휘한다는 점에서 "고차적 역량"(high order capability)이다.

그런데 제도 및 정책의 구속에서 자유롭지 못한 교육의 과정 속에서 '이러한 역량이 길러질 수 있는지?'를 고민하지 않을 수 없다. 왜냐하면 역량은 지식 이전에 '체화된 경험의 힘'에 의해서 길러지는데, 제도 속에 갇힌 교육과정 속에서 역량은 또 다른 형식의 교육적 수단이자 목적으로 가시화되는 데 치중될 수 있기 때문이다. 특히 4차 산업혁명시대에 요구되는 역량은 "'비-진지한 것, 비-의무적인 것, 비-본래적인 것'으로써 부정성('비-')을 가진 경계에서 규정되며, 분방하고 한가로운 것으로서 '노동'의 특성을 가지며, 삶의 진지함과의 대립에서 파악되는 놀이"(정낙림, 2012: 199)와 같은 특성으로부터 길러진다. 문제는 놀이와 같은 특성을 지닌 교육(또는 놀이교육)으로부터 고차적 역량을 기르기 위해서는 놀이가 '놀이, 그 자체'의 '놀이다움'을 잃지 않고 교육의 과정으로 전환되어야 한다는 점이다.

그런데 역량과 마찬가지로 놀이가 제도권 안에서 '교육적'인 것과 만나게 되면 '놀이, 그 자체'의 본질을 잃어버리기 쉽다. 놀이교육이 경험과 관계의 융합을 통해 창의적 사고를 출현시키는 데 있다는 점에서, 놀이교육이 제도권 교육과정 안에서 잘 놀아지기 위한 다각적인 시도와 담론들이 일어나야 한다. 이는 놀이에 대한 '시각'과 놀이를 교육적 행위로 현실화하는 '방식'에 관한 것이라고 할 수 있다. 즉, 놀이를 단지 사회적 구성물로서 접근하는 근대적 놀이로부터 '탈'하여, '놀이, 그 자체'로 교육적일 수 있고, 그래서 무엇보다 놀이 중심 교육이 미래교육의 대안으로 현실화하기 위한 방향이 어떻게 이루어져야 하는지에 관한 다각적 시도의 필요성에 관한 것이라고 볼 수 있다.

이 장에서는 미래를 준비하는 교육의 향방을 찾는 한 일환으로 놀이교육에 관한 담론들을 전개한다. 즉, 4차 산업시대에서 요구되는 고차적 역량은 놀이교육을 통해 길러질 수 있다는 점을 전제로, 놀이와 교육의 만남이 교육적 놀이로 실현될 수 있는 가능성을 찾는 것이다. 이는 한편으로는 현재 제도권교육의 과정 속에서 놀이가 '놀이, 그 자체'의 본질적 의미(즉, 놀이 정신)를 잃어버림으로써 미래지향적인 교육으로서 놀이교육의 위상이 흔들리고 있음을 경계하며, 다른 한편으로는 진정한 놀이는 '놀이, 그 자체'의 의미에서 찾아야 하며, 놀이가 교육적이 될 수 있기 위해서는 주체의 자기배려가 선 과제로 주어져야 함을 제언한다.

1 놀이에 관한 담론들

놀이와 관련된 담론들은 주로 놀이와 인간의 욕망, 놀이와 일의 분리(또는 일치), 놀이 그 자체의 순수성, 놀이와 문화의 관계(놀이 우월론 또는 문화 우월론), 놀이와 자본주의 시장경제와 관계 등과 관련된 논의들이다. 이 논의들은 놀이, 인간, 사회(또는 문화)를 중심 개념으로 삼아, 이들 간의 관련성을 주제로 삼는다. 이 세 요인들의 관련성은 놀이의 존재론적 가치에 대한 물음과 함께 사회철학적 접근을 제기한다.

그런데 놀이가 '그 자체'로 존재론적 가치를 인정받기 시작한 것은 후기 산업사회에 진입하면서부터이다. 당시 이성과 행위의 문제를 분리해서 볼 수 없다는 인식이 강조되면서 놀이에 대한 논의들이 새로운 담론으로 부각되기 시작한 것이다. 여기에서는 후기 산업사회 전·후로 본격적인 논의의 대상이 된 놀이의 전개과정과 후기 산업사회 이후 놀이가 하나의 학문으로 관심을 받게 된 내용을 중심으로 담론을 전개해 나간다.

1) 놀이의 존재론적 가치

놀이는 가장 사소한 사물에서 세계를 새롭게 사유할 수 있는 철학함의 계기를 부여한다. 뿐만 아니라 모든 사물과 사건에서 인간과 세계의 연관을 제시하고, 세계 자체의 지배를 드러내는 중요한 철학적 주제이다(김재철, 2013: 33). 그럼에도 불구하고 근대 이전에는 놀이의 존재론적 가치를 인정받지 못했다.

(1) 근대 이전의 놀이

모든 철학적 주제와 마찬가지로 근대 이전의 놀이는 소크라테스(Socrates)와 플라톤(Platon)의 '이성 중심의 논리'에서 접근한다.

소크라테스(Socrates)의 이성 중심적 사고는 분화의 시대라고 할 수 있는 근대사회로 진입하기까지 모든 서양철학의 정신적 지주였다. 플라톤(Plato)에 와서 이성 중심의 이원론적 사고는 더욱 강화되면서 정신과 육체의 분리는 엄격해졌다. 그 이후 플라톤주의의 영향으로 육체적인 욕구나 욕망은 깨끗한 영혼을 더럽히는 어둠의 존재로 여겨졌다. 그 가운데에서도 몸의 자연스러운 힘에 의거하고 몸에서 자신의 본질을 보다 분명하게 드러내는 특성을 지닌 '몸

중심의 자연스러운 놀이'는 이성 중심적 사고에서 볼 때 차단되거나 억제되어야 할 대상이었다. 플라톤의 견지에서 놀이는 이성적 존재인 인간을 타락시키는 주범으로 간주되었으며, 성숙한 인간이라면 멀리해야 하는 헛된 짓에 불과했다. 특히 놀이의 본성은 일이 가지는 진지함과 심각함, 이성과 현실, 경제성과 생산성 등과 구분되는 특수성, 비진지함, 즉흥성, 유치함, 사소함, 모호함 등으로 인해 부정적으로 평가되었다. 즉, 그에게 놀이는 시와 예술처럼 인간의 욕망과 쾌락을 부추기며 참된 진리로부터 멀리하게 하여 선의 이데아를 따르는 데 방해 요소일 뿐이다(오경희, 2013: 131). 플라톤의 예술에 대한 입장은 이데아의 모방인 현상계를 다시 모방한다는 점에서 이데아로부터 이중적 모방이다. 플라톤은『국가론』제 10권(Politeia, 597e) '시인 추방론'에서 이러한 시인의 이중적 모방을 일종의 놀이로 간주한다. 시의 표현적 방법이 메타포의 기법을 사용한 개별적 상상에 의존하고 있어 표현되는 사물이나 대상에 대한 보편적인 공감대를 얻기 힘든 것과 마찬가지로, 놀이 역시 개별적 욕망과 쾌락의 방식을 취하며 진지하지 못하다는 점에서 극복의 대상이 된다. 이처럼 플라톤의 육체에 대한 정신의 우위성은 놀이를 이성 중심의 이원론적 사고 속에 가두어 버리는 선구자적 역할을 했다.

그러나 이러한 놀이에 대한 폄하된 사고는 칸트(Kant)와 쉴러(Schiller)에 의해 재평가되었다. 칸트와 쉴러에 의하면 놀이는 상상력과 지성의 조화와 일치를 가능하게 하는 데 중요한 의미를 가진다.

칸트는 기존의 합리론과 경험론에서 강조되었던 이성과 경험을 종합하고자 했다. 그는 인간의 행위에 있어 자율성을 강조했으며, 이 자율성은 오직 오성의 능력에 의해 획득되는 자율성이다. 칸트에게서 자율성은 자유의 속성을 가지며, 자유는 이성적 존재의 인과율의 한 유형인 의지이다. 이러한 의지는 이성과 경험적 자극 사이를 메우는 역할을 하는 모든 행위의 총체로, 의지의 표명은 행위의 개념이 된다. 그리고 자유는 내용과 형식간의 분리를 조성하는 인과율에 의해 짜여진 자유가 아니라 어떠한 구속으로부터 해방을 의미한다. 또한 이는 이성과 실천, 육체와 정신의 이분법적 논리에 근거한 사고로부터의 해방을 의미한다. 이러한 맥락에서 놀이는 칸트에게 있어 지성과 상상력의 합목적인 일치를 우연적으로 가능하게 하는 '생산적 상상력' 역할을 할 수 있다. 그의 '생산적 상상력'은 놀이의 자유로운 정신을 토대로 한다. 이때 자유로운 정신은 미성숙한 단계에 있는 인간의 자연적 상태를 의미한다기보다 자연적 충동을 스스로 제거하고 도덕법칙에 자발적으로 따르는 도덕주체의 정신을 말한다. 쉴러는 칸트의 놀이 개념을 보다 심화시켰다고 볼 수 있다. 그는 인간이 인간일 수 있는 것은 형식충동과 감성충동에 치우치지 않은 이 둘의 조화에서 가능하며, 이 조화에서 놀이의 충동이 발생하고 여기서 예술이 가능하다는 점에서 놀이를 하는 인간은 비로소 인간일 수 있다고 보았다(정낙림, 2016: 8~9). 즉, 인간의 모든 상황들 아래에서 '단지' 놀이만이 인간을 완전하게 만들며 인간의 이중적 본성을 다시 한 번 전개한다(Welsch, 2005: 56)고 본 것이다.

놀이에 대한 이러한 철학적 성찰은 지극히 인간적 관점, 즉 놀이를 인간의 놀이로 제한함에 따라 세계의 놀이, 주체적 놀이로 놀이 고유의 존재론적 의미를 파악하는 데 한계를 가진다.

(2) 근대 이후의 '놀이 정신'

근대 이후의 놀이 담론은 니체(Nietzsche)로부터 전개되어 놀이에 대한 가치가 재조명되었다고 볼 수 있다. 니체는 『이 사람을 보라』에서 철학을 '개념을 갖고서 노는 일종의 놀이'로 언급한다. 근대적 담론에서 놀이를 제한적으로 수용한 방식과는 달리 놀이 정신이 담긴 놀이 철학의 실천적 의미를 그의 '힘에의 의지'와 '영원회귀'를 통해 보다 심층적으로 전개한다(정낙림, 2016: 3~24). 그에게서 '힘에의 의지'란 세계의 모든 과정을 힘으로부터 나온 것이라는 의미로 단순히 물리적 힘만 아니라, 동물적인 힘, 순수함의 힘, 가치의 힘, 법률의 힘, 진리의 힘 등 삶에 있어 그것의 방향을 지시하는 힘에의 의지를 의미한다. 이는 일체가 모인 하나의 중심이 아니라 다수이며, 일정한 고정적인 법칙에 따라 움직이는 것이 아니며, 단순히 타인을 지배하려는 욕구 이상의 개념으로 자신의 충동을 억제할 수 있는 자기 통제의 힘까지 포함한다. 이처럼 '힘에의 의지'는 근본적으로 내적 역동성에 관한 것으로 상승적 삶에의 의지, 곧 생명에의 의지를 말한다. 니체는 생명활동을 하는 한 모든 존재자는 이 원리 속에서 이루어진다고 보았다.

이러한 니체적 접근은 헤라이클레이토스의 단편 B52에 담긴 글귀에 등장하는 놀이하는 아이'(pais paizon)를 통해 놀이 정신을 드러낸다. '세계운행은 이리 저리로 놀이판을 깔고 놀이하는 아이이며, 아이의 왕국이다'라는 구절에서, '놀이하는 아이'(pais paizon)는 존재자 전체를 지배하는 세계로서 상징되며, 세계는 놀이로서 지배한다(김재철, 2013: 58). B52의 놀이하는 아이는 니체의 저서인 『차라투스트라는 이렇게 말했다』의 '세 가지 변화'에 등장하는 놀이하는 아이(Nietzsche, 2007)를 통해서 재현된다. 말하자면 니힐리즘의 극복과 새로운 세계의 창조가 어떤 방식으로 가능한지를 보여준다. 니체는 놀이가 목적과 인과 그리고 선악의 사슬로 묶인 세계보다 더 힘이 있고 삶에 더 깊이 뿌리내리고 있다고 여긴다. 이는 B52의 놀이하는 아이(pais paizon)를 '영원회귀'와 '힘에의 의지'를 구현하는 범형으로 삼은 것이다. 니체의 '힘에의 의지'는 "영원히 파괴하고 다시 창조하는 디오니소스적"인 놀이를 통해 잘 나타나며(정낙림, 2016: 24), '영원회귀'는 놀이 정신을 가진 자유롭고 독립적인 "해방된 개인"(emancipated individual)(Trigg, 2000: 107), 즉 위버맨쉬(Übermensch)를 통해 현시된다. 위버맨쉬는 무엇보다 '지금, 이곳'에 충실한 자로서, 현재라는 찰나적 순간에 대해 몰입하며 세계와 삶에 대한 긍정적인 자세를 가진 자이다. 즉, 놀이 정신을 가진 자이다. '놀이를 한다는 것'은 우연을 긍정한다는 것이고, 우연에 대한 긍정은 세계와 삶에 대한 긍정을 의미하는 것(정낙림, 2014)이기 때문이다. 이러한 니체적 놀이 정신은 놀이에 대한 전통적인 형상학의 범주에서 벗어나 새로운 가치를 형성하는 발판을 제공한다. 또한 인간의 놀이가 아닌 '놀이, 그 자체가 가지는 힘에의 의지'를 파악하는 데 기여한다.

핑크(Fink) 역시 니체와 마찬가지로 헤라클레이토스의 단편 B52의 '놀이하는 아이'에 관심을 기울인다. 그는 니체보다 더 심도있는 논의를 펼친다. 그는 니체와 마찬가지로 '우연성', '모호성', '일회성', '다의성', '예외성', '독특성', '탈주체', '탈중심', '탈영토', '탈코드' 등의 개념에 집중하며 세계의 운행을 단편 B52의 놀이하는 아이와 연관 짓는다. 즉, 세계의 운행이 형이상학적 목적이나 기계적인 법칙이 아니라, 무목적적이고 자연에 맡겨진 놀이하는 아이와 같이 우연과 순간에 의거한다고 본다. 핑크의 놀이 정신은 놀이가 세계의 상징이 되고, 놀이에서 세계는 자신을 현시하는, '놀이, 그 자체'가 지닌 존재론적 관점에서 질문을 던진다. 핑크의 놀이 정신은 "놀이자 없는 놀이"(Spiel ohne Spielers)(정낙림, 2016: 15) 또는 세계의 놀이로 "이름 없는 부재의 영역(ein namenlose Bereich des Abwesens)이며, 거기에서 모든 것이 현상으로 옮겨지며, 거기로 모든 것이 다시 사라진다"(김재철, 2013: 60). 세계는 일정한 법칙에 의거하기보다는 놀이하는 아이와 같은 것으로, 특정한 누구의 소유가 아닌 모든 존재자들의 '터'인 것이다.

핑크의 이러한 놀이 정신은 세계도 놀이와 마찬가지로 뚜렷한 목적 하에 움직이기보다는 세계 그 자체가 목적이자 근거가 된다는 점을 강조하는 것으로, 놀이를 세계의 상징으로 간주하며 놀이의 존재론적 의미와 가치에 대한 성찰을 요구한다. 핑크의 놀이에 대한 이와 같은 접근은 현재 놀이가 법칙적 또는 규준적 패러다임 속에서 해석됨에 따라, '놀이, 그 자체'의 본질적 특성인 자유로운 놀이 정신을 잃어버리게 된 것은 아닌지에 대한 반성적 시각을 제공한다는 점에서 의의가 크다.

2) 놀이의 본질적 가치

놀이는 본질적으로 '재미를 추구하기 위한 자발적 행위'라는 점에서 특정한 정신적 상태가 아니라 표현하는 행위라고 볼 수 있다. 이성 중심의 근대적 담론에서는 놀이의 이러한 특성 때문에 주변적인 관심의 대상으로 밀려나 있었다. 하지만 이후 이성과 행위의 문제를 분리해서 볼 수 없다는 인식이 강조되면서 '놀이, 그 자체'에 대한 관심이 새롭게 담론의 주제가 되었다. 특히 호이징어(J, Huizinga)와 카이와(R, Caillois)는 놀이를 독자적 영역으로 이끌며 놀이와 삶을 연계시키는 데 선구적인 역할을 했다.

(1) 호이징어(J, Huizinga)

놀이를 일상생활 속의 특정한 부분으로 다루는 것에서 벗어나 별개의 영역으로 다루기 시작한 것은 『호모 루덴스(Homo Ludens)』의 저자인 호이징어(J, Huizinga)로부터이다. 그는 놀이의 개념을 보다 확장시키며, 놀이 그 자체로 고유한 하나의 영역으로 다루고자 했다. 이는 기존의 심리학적 접근 또는 생리학적 접근에서 놀이를 '본능'에 묶어버림으로써 놀이를 제한된 시각에서 바라보던 것에서 벗어나 놀이의 본래적 의미의 기능을 찾고자 했다는 점에서 기여한 바가 크다. 그에 따르면 심리학자들과 생리학자들은 놀이의 본질과 의미, 우리의 삶에서 놀이의 위치를 이해하려는 다양한 시도를 하면서도 놀이의 생물학적 목적 혹은 기능을 지적하는 데서 멈추고 있다(김겸섭, 2008: 177). 실제로 호이징어 이전의 학자들은 놀이를 독립적인 영역으로 다루기보다는 주로 놀이와 놀이 아닌 것과의 관계, 어떤 특정한 목적을 위한 하나의 수단으로서의 역할 또는 인간과 별개의 어떤 것으로써 놀이의 부분적인 기능과 역할을 파악하는 데 그치고 있다는 비판을 피해갈 수는 없다.

그러나 호이징어는 놀이의 역동성과 삶에서 놀이의 의미를 파악하는 데 초점을 맞추며, 특히 당시의 놀이가 유년기에 한정됨으로써 이성적 능력이 부족한 유아기 아동의 전유물처럼 여겨왔던 관습을 허물고, 놀이를 '문화'를 파생시키는 삶의 총체로 보며, 놀이의 영역을 '문화의 영역'과 등가적인 위치에 놓았다(Huizinga, 1993). 이러한 호이징어의 접근은 놀이 담론의 전환점을 가져왔으며, 다양한 학문 분야에서 놀이 담론을 촉발시키는 견인차 역할을 했다.

특히 그는 이성이 우주의 논리(logique)를 따르는 만큼 기계적인 것이라면 놀이는 우주라는 기계(mècanisme)를 벗어나 있는 일종의 '초논리

(superlogique)'로 보았다(김효, 2001: 172). 이는 인간 정신의 개념 규정을 단순히 과학적이며 논리적인 이성과는 다른 범주로 보는 것이다. 말하자면 놀이를 '놀이 아닌 어떤 것과의 비교'로부터 파악될 수 있는 것이 아니라는 것이다. 놀이는 '놀이 그 자체'의 의미를 가진 하나의 고유한 장으로 이해한다. 말하자면 문화와 마찬가지로 놀이 역시 목적이나 역할을 규명하기보다는 놀이적 성격을 이해하는 것으로 놀이를 삶의 한 영역으로 포함시키고자 했다. 놀이는 어떤 특정한 목적을 위한 하나의 수단이 아니라 '그 자체가 목적을 지닌 어떤 것', 즉 놀이의 형식이 아니라 놀이의 내용적·실천적 측면에서 독자성을 갖는다(Huizinga, 1993). 말하자면 그는 놀이를 인간의 모든 사회적 행위의 출발점으로 삼으며, 거기에서 한 걸음 더 나아가 문화 자체를 '놀이의 한 형태(subspecie ludi)'로 받아들인다(최고원, 2011: 32). 이처럼 호이징어는 놀이를 문화현상을 포괄하는 광범위한 개념으로 사용함으로써 문화에 담겨있는 놀이적 성격을 밝히고자 했다.

그러나 호이징어는 놀이 세계와 일상생활 세계를 일치시키지는 않았다. 일상생활의 세계 혹은 '당연시되는 세계(world taken for granted)'는 Schultz (1962)가 언급했듯이 유한한 의미의 영역이다. 이 영역은 있는 그대로의 외부세계를 즉각적으로, 의문의 여지없이 받아들이며, 그 의미에 대해 자연스러운 태도를 갖는 것이다(Maffesoli & Lefebvre, 2002: 143). 그렇지만 호이징어에게 놀이의 세계는 제한된 시간과 공간 속에서, 자발적이지만 놀이하는 동안 절대적 구속력을 갖는 규칙에 따라 행위가 이루어진다. 그리고 그 규칙 자체가 목적이 되며, 그에 따른 긴장감 자체를 놀이자들이 즐거움으로 받아들인다는 점에서 일상생활과 구별되는 세계이다. 특히 놀이는 그 긴장감을 즐기기 위하여 놀이를 선택하고 적극적으로 참여한다는 점에서 일상과는 구별된다. 특히 놀이의 규칙이 강할수록 놀이의 긴장도는 높아지며 동시에 그 재미의 강도도 강해지는 놀이의 규칙, 긴장도, 재미가 비례적 관계를 이루고 있다. 이는 일상의 규칙은 억압적 특성을 갖는 데 비해, 놀이의 규칙은 비현실성을 토대로 탈일상적 재미를 주는 즐거움의 특성을 갖기 때문이다. 호이징어(Huizinga,

1993)는 이러한 놀이의 특성을 '놀이 세계의 특이성'으로 부른다.

이처럼 호이징어는 놀이를 문화와의 관계 속에서 놀이적 성격을 밝히고자 집중했다. 그러나 여전히 '놀이, 그 자체'에 관한 담론은 충분히 끌어내지 못했다는 한계를 가진다.

(2) 카이와(R. Caillois)

호이징어가 놀이와 문화를 개념적으로 연결시켜 문화가 지닌 놀이적 성격을 파악하고자 했다(최고원, 2011)면, 카이와(R. Caillois)는 자신의 저서 『놀이와 인간』을 통해 놀이 분석을 문화분석적 차원에서 접근하여 놀이 자체의 성질을 밝히고자 집중했다. 특히 그는 우연놀이를 통해 놀이의 고유한 기능이 어떤 능력을 개발하는 것이 아니라 '놀이 그 자체'임을 드러내고자 했다(김겸섭, 2008). 놀이 가운데에서도 우연놀이는 전혀 생산적이지 않을 뿐만 아니라 오히려 위협적이거나 공포감마저 느낄 수 있다. 이러한 놀이의 특성은 반드시 문화의 생성이나 발전과 관련되는 것이 아니라는 점에서 호이징어의 견해와 차이가 있다. 말하자면 놀이를 사소하고 무의미하며 진지하지 못한 기분풀이에 불과한 것으로 간주하던 기존의 생각과는 대조적으로 호이징어가 놀이 정신을 문화발전의 원동력으로 본 것에 대해 의문을 제기한 것이다. 왜냐하면 놀이는 문화의 성장과 발전에 기여하기도 하지만 그 반대의 역할을 하기 때문이다. 카이와의 입장에서 놀이는 이 상반된 특성을 다 갖고 있다. 따라서 놀이의 경험이 가져다 주는 긍정적 효과의 기능 이전에, 놀이 자체의 즐거움에 대한 연구가 탐구되어야 한다(Caillois, 2003). 그것이 놀이를 놀이 그 자체로서 파악하는 것이며, 이를 위해서 놀이 분석이 필요하다.

그의 놀이 분석은 놀이를 '외적 형태'와 '내적 성격'을 동시에 고려한 분류 작업을 통해 진행된다. 즉, 놀이의 외적 형태인 경쟁, 우연, 모의, 현기증은 가장 기본적인 자질들로 그중 어느 것이 우위를 점하느냐에 따라 아곤(agôn, compétition), 일링크스(ilinx, vertige), 알레아(alea, hasard), 미미크리(mimicry, simulacre)로 구분되며, 이들 각각의 특징을 살펴보면 다음과 같다

(김효, 2001: 174~175; 김겸섭, 2008: 163; Caillois, 2003). 그리스어로 아곤은 시합이나 경기를 뜻하는 것으로 규칙이 있는 경쟁 속에서 자신의 능력만으로 승리를 얻고자 하는 야심을 의미한다. 일링크스는 소용돌이를 뜻하는 것으로 현기증을 추구하는 것이다. 알레아는 요행이나 우연을 뜻하는 것으로 의지를 포기하고 운명의 판결을 불안한 마음으로 가만히 기다리는 것을 의미한다. 미미크리는 흉내와 모방을 뜻하는 것으로 다른 사람의 모습을 좋아하는 것을 의미한다. 특히 놀이를 지배하는 이 네 가지 요소는 서로 조합되어 나타나기 때문에 놀이의 분류는 훨씬 더 다양하고 복잡한 모습을 띄게 된다. 그 결과 놀이의 범주는 네 가지 수행 원리에 따라 체계화된다. 여기에는 놀이의 내적 상태로서 모든 놀이들 사이에서 존재하는 파이디아(paidia)와 루드스(ludus)가 있다. 전자는 모든 놀이의 원형이라고 할 수 있는 자유로움, 소란스러움, 즉흥, 기분전환, 에너지 발산 등과 같이 놀이 본능의 자발적 표출의 성격을 의미하며, 후자는 규칙과 질서가 놀이의 본질이 되는 놀이의 제도화 또는 질서화되는 성격을 나타낸다. 파이디아가 놀이의 즐거움 그 자체를 중요하게 여긴다면, 루드스는 놀이의 엄격한 규칙 하에 이루어지는 성과를 중요시한다. 이 두 경향은 놀이의 네 가지 요소(아곤, 일링크스, 알레아, 미미크리)에 공존하여 다양한 사회적 분위기를 형성한다. 예를 들어, 파이디아의 경향이 강한 사회에서 미미크리와 일링크스가 사회 분위기를 주도한다면, 아곤의 공정성보다는 알레아에 의지하는 경향이 높아지게 되어 부정부패가 심한 사회가 될 가능성이 높다. 반면 루드스적 성격으로 변모하게 된다면 사회적 패닉으로부터 끌어내어 새로운 질서와 규칙을 세우는 역할을 할 수 있다.

이와 같은 카이와(Caillois, 2003)의 놀이 분석에서는 놀이가 지닌 규칙의 중요성을 볼 수 있다. 놀이에서 규칙은 필수 조건이다. 규칙이 놀이의 자유로움을 제한함에 따라 놀이의 재미를 제한할 수 있다는 점에서 놀이의 규칙이 균형을 잡는 게 무엇보다 중요하다. 예를 들면, 그는 루드스가 강한 사회는 경직된 사회적 분위기를 만들 수 있기 때문에 일상 경험에서 놀이의 자율성이 제한될 가능성이 크다고 본다. 이때 루드스는 파이디아를 길들이는 것이 목적이 된다. 따라서 놀이에서 파이디아의 충동적인 활기와 재미는 제거되고, 놀이를 제도화하여 놀이에 적응하도록 강요하게 만들 가능성이 높아지게 된다. 따라서 그는 무엇보다 루드스와 파이디아의 조화가 중요하다고 여긴다. 카이와의 놀이 분석은 사회의 다양한 요인들이 놀이에 반영됨을 보여준다.

카이와가 놀이의 목적이 '놀이 그 자체'를 밝히는 것에 있다는 점을 주지할 때, 놀이 자체의 즐거움과 기분 좋음은 놀이 고유의 특성이 된다. 그는 심지어 비록 놀이 고유의 특성이 부정적인 측면으로 흐를지라도 놀이자에게 즐거움을 줄 수 있다면, 그것도 놀이이며 놀이가 되어야 한다고 여긴다. 승자와 패자가 변동이 없는 '규칙이 없는 놀이'보다는 누가 승자가 될지, 아니면 패자가 될지 긴장을 불러일으키는 '규칙이 있는 놀이'가 놀이자에게 몰입과 희열의 강도를 높인다는 점에서 '놀이 그 자체'의 즐거움을 지닌 놀이인 것이다. 문제는 그의 놀이 이론은 특정 사회의 문화가 어떤 방향으로 진행해 가고 있는지를 파악하는 데 유용한 기준을 제공해주고 있지만, 여전히 놀이자의 재미라고 할 수 있는 놀이하는 과정에서 느끼는 카타르시스가 어떻게 일어나는지를 파악하지 못한다는 점이다.

2 놀이와 배움의 이중주

'과연 놀이가 교육적인 의미와 가치가 있는지?'에 대한 관심은 '과연 놀이가 교육적일 수 있는지?'에 대한 질문으로 전환된다. 왜냐하면 '교육적'이라는 관형사가 놀이 앞에 놓이게 되면 '놀이, 그 자체로 자유로울 수 있는지?'에 대한 근원적인 질문을 던지게 되기 마련이기 때문이다.

이는 놀이가 '놀이, 그 자체'에 대한 관심으로부터 시작될 때 과연 교육적 놀이가 가능할 수 있는지에 대한 불신에서 비롯된 것이라고 볼 수 있다. '놀이, 그 자체'의 놀이 정신에 기반한 놀이, 즉 '즐길 줄 아는 놀이', '재미있는 놀이'가 교육적일 수 있고, 놀이가 교육적일 때조차 재미가 살아있을 수 있다면 교육(또는 배움)이 지겹고 따분하거나 도주하고 싶은 공간은 아닐 것이다. 문제는 모든 놀이를 교육적이게 할 수는 있지만 놀이가 교육적일 때 진정한 의미에서의 놀이, 즉 재미가 살아있는 놀이가 될 수 있을지에 대한 고민은 배제할 수 없다. 따라서 우리의 고민은 놀이의 부정적인 측면을 어떻게 걸러서 교육적인 놀이로 전환할 것인가에 있다기보다는 놀이 그 자체로서 놀아지는 놀이가 자연스럽게 배움의 과정이 되는 것에 있다. 놀이와 교육의 모순의 당착이 심하여 해결책을 찾기에는 쉽지 않겠지만, 그럼에도 불구하고 이에 대한 관심을 멈출 수 없는 것이 놀이가 아동의 성장과 발달을 위해 반드시 보장되어야 하는 활동이라는 점에서, 아동교육의 궁극적인 목적과 별반 다르지 않다고 보기 때문이다. 따라서 우리의 과제는 아이들의 노는 방법을 규범화하여 보편적인 놀이 본능으로 희석시키는 것이 아니라 놀이 욕망이 자연스럽게 배움의 과정이 될 수 있는 대안을 찾는 것이다.

여기에서는 놀이 정신이 살아있는 배움의 향방을 한편으로는 들뢰즈의 특개성의 순간과 푸코의 자기에의 배려교육의 측면에서, 다른 한편으로는 진정한 만남의 공동체교육의 측면에서 찾고자 한다.

1) 놀이와 배움의 '터'

놀이 정신은 과학적 이성에 의해 '만들어진 정신'이 아니라 사회의 규범적 틀로부터 벗어나고자 하는 저항적이며 탈주적이고 원심력적인 정신, 사회의 규칙과는 다른 놀이의 규칙을 통해 지속적인 변화와 창조를 꾀하는 '만드는 정신'이라는 점에서 놀이는 창조와 생성의 의미를 담고 있는 개념이자 그 자체가 배움의 가치를 지닌 활동이라고 할 수 있다.

(1) 배움: 특개성의 순간

놀이 정신은 사회의 규범적 틀로부터 벗어나고자 하는 저항적이며 탈주적인 원심력적인 정신이며, 사회의 규칙과는 다른 놀이의 규칙을 통해 지속적인 변화와 창조를 이끄는 '생성의 정신'이다. 이러한 놀이 정신은 과학적 이성에 의지하여 이분화시킨 놀이와 일의 경계를 무화시킨다. 그렇다고 해서 놀이와 일을 동일시하는 것은 아니다. 놀이는 일이 가지는 진지함이나 목적 지향적인 속성을 가지기는 하지만, 일이 가지기 힘든 자발성과 비진지함까지도 동반하는 특성을 갖는다. 다음은 유아교실의 모습으로, 두 명의 유아들이 점심을 먹은 뒤 이를 닦으며 나누는 이야기다. 이들은 자신들의 칫솔에 그려진 캐릭터를 공유하는 것을 계기로 자연스럽게 놀이를 형성하는 것을 볼 수 있다.

> 점심을 먹은 뒤 제희는 지혜와 함께 이를 닦으며, 자신들의 칫솔에 그려진 톰과 제리에 관해 이야기를 나눈다.
>
> 제희: 톰과 제리는 사이가 안 좋고 맨날맨날 싸워.
>
> 지혜: 애기 때는 좋았데이.
>
> 양치질을 끝낸 지혜는 교실에 남아 정리하고 있는 민철을 향해, "지금부터 치카치카 파도타기"라고 외친다. 민철은 걸레를 든 채 파도타는 시늉을 한다.(…) 세 명의 아이들은 그 순간 '치카치카파도타기'라는 새로운 놀이를 만든 것이다. 주로 제희와 민철이 달리고, 지혜는 구령을 붙여 출발을 알리고 누가 이겼는지를 판정한다(오경희, 2008: 45).

놀이의 시작은 정해진 규정이 없다. 그 순간 공유된 '거리'가 이야기가 되고 이야기가 놀이로 이어진다. 실제로 Corsaro(1986)는 유아학교의 쌓기 영역에서 모래놀이 주변에서 일어나는 놀이의 유형들을 "자연스러운 환타지"(spontaneous fantasy)로 부른다. 이는 놀이하는 동안 유아들이 다양한 재료들을 조작하고 허구적인 스토리를 만들어 조작된 재료들 각각에 생명력을 불어 넣기 때문이다. 창작된 이 스토리는 현실과 환상이 구분되지 않으며, 단지 놀고자 하는 자연스런 욕망의 분열적 흐름을 따르는 것으로, 놀이 그 자체의 '흥미'와 '몰입'을 전제로 한다는 점에서 주로 유아들의 상징놀이에서 자주 볼 수 있다. 카이와는 이러한 놀이를 "놀이의 목적이 놀이 그 자체"가 된다는 점에서 일상과 다른 "별도의 세계"(un monde ά part)라고 언급한다. 왜냐하면 놀이 세계가 창조되면 현실의 법은 중단되고 일시적으로 새로운 입법이 창설되기(김효, 2001: 10~11) 때문이다.

실제 아이들(특히 유아들)의 놀이 대부분이 상징성을 동반한다. 아이들의 놀이 행위는 경계의 해체와 모호함을 기조로 하며, 그 과정에서 주체는 단일한 개념이기보다는 파편화된 다양한 주체들로 '마치 ~인 것처럼' 행위하며 언제나 그렇게 되어가는 과정 속의 '되기'(becoming)이다. 또한 아이들의 놀이 형식은 매우 자유롭다. 놀이집단을 형성하고 놀이의 시작과 규칙을 만들고, 심지어 놀이의 규칙을 깨뜨리고 새로운 놀이를 생성할 때조차 정해진 각본에 따르기보다는 그 순간 필요에 의해 만들어지고 즉시 행해지며, 해체된다. 그리고 이들의 대화는 하나의 스토리가 되며, 스토리는 형식 없는 규칙으로 놀이의 전 과정을 지배하지만 여기에는 주체와 대상의 구분이 없다. 언제나 '진행형'(~ing) 속에서 복잡계를 이루는 다양체로서 존재할 뿐이다. 즉, 놀이 속에서 아이들은 다양한 물질과 마주하며, 다양한 역할을 창조하고, 삶의 스토리를 만들며, 현실과 가상의 경계를 무화시키는 규칙을 만들고 해체시킨다. 또한 진지함과 비진지함을 동시에 작동시켜 "모든 관계들 간의 조응뿐만 아니라 대립 항들의 이원성까지도 함께 초월하는 '-되기'"(Deleuze & Guattari, 2003: 673)가 된다. 다음은 실외 놀이에서 주운 나무 막대기로 총을 쏘며 사냥놀이를 하던 마크에게 던진 교사의 발화가 '-되기'가 되는 순간으로 연계되는 사례이다.

마크: (주워 온 막대기를 자기 친구에게 겨누며) 내 총은 살아 있어. 이건 널 죽이고 싶어해!

교사: (자상한 목소리로) 만약 네 총이 살아 있다면 이건 이름을 가져야 해. 네 총의 이름은 뭐니?

마크: (깜짝 놀라면서 조용히 서 있다.)

교사: 그게 너랑 같이 살고 있니? 이 유아학교의 여기 놀이터에서 살고 있니?

마크: (주워 왔던 나무를 가리키며) 이 총의 이름은 에릭이고요. 얘는 저 나무 밑에서 자기 엄마랑 살고 있어요(Taguchi, 2018: 83~84).

위 사례는 일반적으로 남아들의 놀이에서 흔히 볼 수 있는 폭력놀이로 전환될 가능성이 많은 총 쏘기놀이(일명 전쟁놀이)의 전조를 어떻게 교육적인 놀이로 전환되는지를 보여주는 사례이다. 주워 온 나무막대를 친구에게 겨누며 총으로 사용하려고 하는 마크, 그는 적어도 이러한 행위를 해서는 안 된다는 것을 알고 있다. 그럼에도 불구하고 놀고자 하는 그의 놀이 욕망은 막대기를 의인화하면서까지 분출된다. 그는 금기시될 수 있는 전쟁놀이에서 자신이 아닌 막대기가(총이) 친구를 죽이고 싶어한다고 언명하는 것으로 자신의 책임을 벗어나고자 한다. 이때 총은 살아있지만 나와는 타자화된 존재이다. 여기서 흥미로운 것은 교사의 발화다. 교사는 생뚱맞게 여겨질 수 있는(맥락이 이어지지 않는 것으로 보이는) 질문을 던진다. '막대기가 너랑 같이 살고 있니?' 결코 벗어날 수 없는 나와 막대기의 공존. 이는 마크로 하여금 결코 나와 분리될 수 없는 막대기의 존재를 일깨우는 것으로 위험할 수 있는 놀이를 편안한 숨결이 살아있는 놀이로 전환시키게 한다. 즉, 들뢰즈식에 따르면 "특개성(baecceity)의 순간 또는 바로 이것임(just-this-ness)의 순간"(Davies, 2017: 76)이 발현되는 지점이다. 이 특개성의 순간은 새로운 사고로의 전환을 동반하는 내부 작용교육(intra-active pedagogy)이다. 교사의 발화는 '바로 이것임'을 깨닫는 배움을 일으키며 또 다른 놀이로의 전환을 가져오게 한다. 배움과 놀이가 동시에 일어나는 순간으로, 이는 의도되기보다는 순간적인 발현에 의한 것이다. 이와 같은 발현적 되기(being emergent)는 놀이 중심 교육의 중요한 특성 중의 하나인 생성적 흐름으로 펼쳐진다.

(2) 놀이: '자기에의 배려'

놀이의 특개성이 체험되는 순간(배움이 촉발되는 순간)은 또한 "자기에의 배려"(Foucault, 1999)가 발현되는 지점이라고 볼 수 있다. 푸코는 '자기에의 배려'를 자기에의 전념, 즉 자기 자신을 돌보는 것이라고 언급한다. 이는 오로지 자기 자신에게만 전적으로 몰두하는 것을 말하지 않는다(Foucault, 1999: 83~85). '자기에의 배려'는 타인과의 교환 작용과 상호 의무 체계의 가능성을 포함한 정신적 조력에 본질적으로 연결되어 있다(Foucault, 1999: 71). 말하자면 지속적인 자기 점검을 통해 무분별한 욕망의 포로로부터 벗어나 윤리적 실천을 '함께' 할 수 있도록 서로 격려하는 것이다. 이러한 푸코의 '자기에의 배려'는 자신을 망각하지 말고 돌보며 배려하는 '자기 인식'을 동반하는 것으로, 더 큰 외연을 가진 명령을 실현하기 위한 하나의 실천 방식이다(Kim, 2009: 29~30). 이러한 점에서 '자기에의 배려'는 '자기 인식'과 함께 '윤리적 주체'로서의 가능성을 제공한다. 특히 '자기에의 배려'는 놀이 욕망을 질적으로 고양시키는 데 있어 아이들이 능동적이고 주체적일 수 있게 한다는 점에서 자기주도적 특성을 가진다. 이러한 자기주도적 행위는 일반적으로 놀이를 촉발시키는 놀이자의 놀이 욕망과 놀이 행위 사이에서 오는 불안정성을 보다 긍정적이고 교육적일 수 있는 방향으로 이끌 수 있는 지속적이고 안정적인 교육이 될 수 있다(물론 그 역으로 될 수 있는 위험을 등한시해서는 안 된다). 앞의 사례는 막대기가 아이들의 놀이 욕망을 자극하여 총이 되고 총이 친구를 해치는 무기가 되는 과정을 보여준다. 이때 아이들의 부정적인 놀이 욕망을 배움의 과정으로 전환시키는 역할을 하는 것이 교사의 발화며, 이 발화는 스스로가 자신들의 놀이 욕망을 돌아보게 하는 교육적 담론이 되고 있다. 즉, 놀이 그 자체를 훼손하지 않고 스스로 보다 긍정적인 방향으로 놀이를 전환시키는 역할을 한 것이다. 놀이교육에서 '자기에의 배려교육'이 무엇보다 절실한 이유가 바로 여기에 있다.

정훈(2008)은 프레네(Freinet)의 '놀이－일' 개념을 중심으로 교육적 성격의 놀이와 비교육적 성격의 놀이를 시론적 차원에서 탐색하여 분류한다. 그는 아동의 성장과 관련해서 경험하도록 보장해야 하는 놀이를 '교육적 놀이'로, 보상 차원에서 행하는 기분풀이 같은 놀이를 '비교육적 놀이'로 구분한다. 그는 아이들이 교육적이라고 할 수 있는 정상적인 놀이활동을 하지 못하는 이유를 인간의 타고난 중심 욕구를 충족시키는 놀이를 경험하지 못한 데서 비롯되었다고 언급한다. 이러한 '비교육적 놀이'는 놀이에 인위적으로 집중하게 함으로써 놀이가 더욱 더 쉽게 논쟁과 다툼을 불러들이는 기분풀이를 위한 것이 되게 만든다(Freinet, 1994: 205; 정훈, 2008 재인용)고 강조한다. 여기서 제기될 수 있는 문제는 놀이 욕구에 대한 문제와 인위적으로 집중시키는 놀이에 관한 것이다. 물론 교육적 놀이와 비교육적 놀이의 기준이나 방법의 문제 역시 중요하다. 그러나 그 부분에 대해서는 따로 담론화시킬 필요가 있다. 그보다 근원적인 질문이 될 수 있는 놀이 욕구 그 자체가 교육적 경험으로 펼쳐질 수 있는 욕구인지, 때로는 인위적으로라도 집중시켜야 하는 놀이가 있지는 않은지에 대한 논의가 있어야 한다. 인간이 다양한 만큼 놀이 본능도 다양하다. 그리고 놀이 본능은 완전히 없어질 수 없듯이, 비교육적인 놀이 본능 역시 완전히 없앨 수 없다. 따라서 비교육적인 놀이 욕망을 교육적인 놀이 본능의 에너지로 어떻게 전환시킬 것일지에 대한 고민은 여전히 교육적인 과제로 남는다. 또 다른 문제는 모순되게도 놀이가 그 시기에 적합한 교육적 경험이 되기 위해서는 '교육적'이라는 제한된 범위 안에서 '해야 하고, 해야만 하는 놀이'가 될 수밖에 없다는 점이다. 이렇게 되면 놀이는 현실적으로 더 이상 '놀이, 그 자체'의 본질을 지속시키기 힘들며, 놀이 행위는 재미를 위한 것이 아니라 필요나 욕구를 충족시키기 위한 '마땅히 해야만 하는 일'이 된다. 이때 놀이에 대한 몰입과 헌신, 비진지함과 같은 놀이 특이성이 사라질 수 있으며, 그로 인해 놀이 그 자체로 즐길 줄 아는 놀이, 한 마디로 '놀이 정신이 살아있는 재미있는 놀이'와는 결별하게 된다. 결국 놀이자의 진정한 참여가 전제되지 않는 놀이가 됨에 따라 교육적인 영향을 기대할 수 없다는 점에서 교육적 놀이와도 결별하게 된다. 즉, 진정한 놀이 정신이 살아있는 배움이 되기 위해서는 놀이자가 주도적으로 참여하는(또는 선택하는) 놀이가 교육적인 놀이여야 한다. 이를 보장해 줄 수 있는 것이 '자기에의 배려교육'이라고 할 수 있다. 왜냐하면 '자기에의 배려'는 그 자체가 교육적 함의를 지닌 것으로 아이들의 놀이 본능을 억압하거나 제거하지 않고도 자기 선택에 의한 놀이가 '바로 이것임(just-this-ness)'의 순간으로 펼쳐질 수 있게 하는 배움의 '터'이자 자기 주도적 학습의 한 형식으로 볼 수 있기 때문이다. 이때 놀이는 배움의 대상이기보다 배움의 주체이자 배움 그 자체이며 '되기'이다.

2) 놀이 세계와 '만남': '배움', '돌봄', '교육'

플라톤의 대화편 「변론」에 등장하는 소크라테스는 자기 배려, 자신의 영혼을 돌보는 삶이 평생의 과제가 되어야 함을 강조하며, 이를 위한 방법으로 대화의 중요성을 거론한다. 여기서 대화는 진정한 만남을 전제로 한다. 만남의 교육적 측면은 외적인 측면과 내적인 측면에서 살펴볼 수 있다.

외적인 측면에서 만남은 모든 경계를 무화시키는 역할을 한다. 이는 보다 초월적 접근이라고 할 수 있는 것으로 그 대상이 타자(물질 포함)이든 자기 자신이든 다양한 마주침 '사이'에 존재하는 에너지의 흐름을 복잡계(complex system)로 탈영토화시키는 역할을 한다. 이는 인간과 자연(또는 세계)뿐만 아니라 문화적 차이, 사회경제적 수준, 인종, 젠더, 종교 등 사회에 존재하는 모든 불평등적인 차별적 경계를 무화시키는 역할을 한다는 점에서 교육적이다. 내적인 측면에서 만남은 개인 간의 대화의 과정에서 일어나는 배움을 거론할 수 있다. 대화의 과정에서 참여자들은 과거와 현재의 삶이 속속들이 드러나고 지금까지 믿었던 모든 가치들이 전도되는 경험을 하면서 결국 자신의 삶의 전환에 대한 실존적 결단을 내려야 하는 상황으로 내몰리게 되기(김석완, 2009: 35)도 한다. 이러한 상황은 자기 행동에 대한 성찰을 불러일으키는 것으로 프레일리(Freire, 2002)의 프락시스(praxis) 개념과도 관련된다. 말하자면 대화를 통해 주체들은 자신들의 해방뿐만 아니라 서로 협동하여 세계를 변혁키는 사회적 해방을 위한 열망을 갖기도 한다. 프레일리에 의하면 대화적인 나(I)는 자신의 존재를 불러내는 것이 바로 너(You)라는 것을 알고, 자신의 존재를 불러내는 너가 또 다른 나를 구성하며, 그 나(I)의 안에 또 다른 너(You)가 있음을 알게 됨으로써, 나와 너가 변증법적 관계를 통해 두 개의 너가 되고 이 너가 또 두 개의 나가 된다(Freire, 2002: 216). 이때 대화는 부버의 '나'와 '너'의 만남의 주선자이자 공동체 형성의 초석 역할을 한다.

만남의 중요성은 배움의 문화를 강조하는 사토마나부(2006: 165~166)의 공동체교육에서도 볼 수 있다. 그에 의하면 "배움의 문화"는 타자의 다양한 아이디어를 적극적으로 수용하는 문화이며, 자신의 아이디어를 아낌없이 제공하여 서로 배우는 "호혜적인 배움(reciprocal learning)"을 추구하는 문화이다. 인간이 혼자서 할 수 있는 일은 실상 아무것도 없기에 '배움' 역시 하나하나가 서로 부딪치면서 다시 맞추어 가는 것을 수행하는 협동을 통해서 실현된다고 설명한다. 이때 마주침은 교육내용인 대상 세계(사물)과의 만남, 교육과정에서 다른 아이들과 교사와의 만남 그리고 새로운 자신과의 만남 등 모든 세계와 사물과의 만남을 의미한다. 특히 이러한 '만남'의 공동체는 상호관계 속에서 서로를 주체로서 인식하는 것으로부터 출발한다는 특성을 갖는다. 왜냐하면 공동체 개념은 수평적 관계를 포함한 의미로, 독립된 개체로서의 '너'와 '나'의 만남이 '우리'라는 공동체를 형성하는 것을 의미하기 때문이다. 학교(또는 유아교육기관)를 공동체라고 하는 것도 '배움'을 중심으로 서로를 주체로서 바라보는 것으로 돌봄의 관계를 형성한다고 보기 때문이다. 물론 사토마나부가 언급하는 만남은 주로 수업을 중심으로 일어나는 배움의 공동체의 관계에 집중되어 있다. 그러나 학교가 학습집단이자 생활집단이라는 점에서 두 집단은 별개일 수 없다. 따라서 만남을 통한 배움의 관계는 무엇보다 소통이 중요하다.

문제는 소통의 보편적 형식이 주로 대화를 통해 일어나고 교사-아동, 아동-아동의 대화는 만남을 통한 배움의 관계를 형성하는 토대가 된다는 점이다. 특히 또래집단은 파슨스(Parsons)가 동기의 재구조화를 언급할 만큼 아이들에게는 중요한 만남의 공동체다. 또한 이 공동체의 특성이 놀이를 통해 만남을 갖는다는 점에서 아이들의 놀이 세계는 바로 배움의 공동체 역할을 한다. 만난다는 것은 서로에게 대응한다는 것이고, 이러한 대응은 서로 배우는 관계를 형성한다(사토마나부, 2006). 놀이가 중심이 되는 아이들 간의 만남이 자기뿐만 아니라 세계(또는 타자)에 대한 이해와 돌봄으로 이어진다면 이 자체가 배움의 관계를 형성하는 것이라고 할 수 있다. 어떤 세계(또는 타자)에 대해 인식한다는 것은 이해한다는 것을 의미하며 이해는 대상에 대한 '돌봄'을 전제로 한다.

근대 실증주의 패러다임에서 아동들은 단순히 자신의 삶에 관해 성인들이 결정하는 것에 복종해야만 하는 수동적 존재였다(Steinberg & Kincheloe, 2004). 아동들은 성인들의 주어진 세계에서 학습해야 할 사회화의 대상이자 돌봄의 대상자였다. 이때 '배움'의 관계는 서로를 돌보는 공동체적 관계이기보다는 보살피는 주체와 보살핌을 받는 대상만이 존재하는 위계적 관계를 이룬다. 게다가 배움과 놀이는 서로 맞선 위치에서 흑백 논리에 의해 정(正)과 부정(不正)의 의미를 갖게 되었으며, 놀이를 제한하는 것이 돌봄의 한 형식이 되게 이른다.

그러나 진정한 '배움'의 관계는 공동의 노력에 기초한 상호 책임을 가진 진정한 '만남' 속에서 이루어진다. 진정한 '만남'은 자연스럽게 서로를 '배움'에 참여하도록 이끌며 지속적인 관심으로 '돌봄'을 전달한다. 이때 '돌봄'은 타인에 대한 배려로서 교육적 가치를 가진다. 또한 아이들 간의 진정한 '만남'의 통로가 주로 놀이의 실천 속에서 이루어진다는 점에서, 놀이는 아이들이 나, 타자, 세계와의 만남을 주선하며 이를 통해 서로 배움의 관계를 형성하게 한다. 이때 배움의 관계는 재미없거나 딱딱한 것이 아니라 즐겁고 유연해서 놀이 그 자체에 몰입하는 것을 함께 즐기는 관계이며, 놀이는 비공식적 시스템으로서의 '배움'의 기능을 담당한다. 말하자면 놀이 세계에서 '돌봄'이 근대적 조망(perspective) 속에서 이분화된 형식에서 벗어나 '놀이를 놀이답게' 만드는 것으로 '교육을 교육답게' 하며 돌봄과 놀이, 놀이와 배움이 별개일 수 없음을 보여준다.

아이들은 이러한 놀이의 과정에서 세계(대상 포함)를 바라보는 인식의 지평을 넓히며 세계(대상)를 세계(대상) 그 자체로서 중요하게 보는 돌봄의 사고를 배우게 된다. 다시 말해 놀이의 과정은 연령적 또는 지위적 차이에서 일어나는 위계적 관계 속에서의 돌봄의 윤리가 아니라 권리와 책임이 동등하게 요구되는 사회정의의 차원에서 돌봄의 관계를 형성하고 실천하는 것으로 서로를 '배움'의 과정으로 참여하게 한다는 점에서 진정한 '만남'을 통한 공동체교육이라고 볼 수 있다.

특히 놀이가 근대적 교육인 지식 위주의 공부로부터 벗어나 '배움'으로의 전환을 수행하는 탈근대적 교육의 과정으로서 기능할 수 있음을 보여준다. 교육열이 강한 우리나라 교육현실을 볼 때 놀이를 중심으로 하는 교육은 "아이들을 공부문화의 잔재 속에 머물러, 배우는 의미를 잃고 서로 배우는 친구를 잃고, 배움을 뒷받침해 주는 교사를 잃고, 나아가서는 자기 자신을 잃고 계속 방황할 수밖에 없는 상황"(사토마나부, 2003: 64)으로부터 교육의 패러다임을 바꿀 수 있는 중요한 전환적 기제가 될 수 있다.

3 에필로그

근대 독창성에 대한 도전으로 모방에 대한 재해석, 객관성과 주관성의 이분법적 대립 그 자체를 초월하고자 하는 문화관 등으로 대변되는 포스트모더니즘은 '놀이, 그 자체'의 무한한 창조성에 대한 재조명적 시각을 불러들였다고 볼 수 있다. 그동안 제도권교육에서 놀이 담론은 주로 유아교육에 한정지어 마치 놀이교육은 유아교육처럼 정식화되어 왔다. 그러나 이때 놀이는 이성적 능력이 부족한 유아들에게 적합한 것으로 놀이 그 자체의 의미와 가치보다는 교육을 위한 도구로써만 간주되며, 놀이가 지닌 이론적이며 실천적인 측면은 폄하되거나 간과되는 경향이 적지 않았다. 이는 놀이와 일을 분리시키며 놀이를 일을 위한 여가적 활동으로만 여겼던 일 중심 또는 이성중심의 근대적 사고가 교육현장에서 여전히 주된 사고로 남아있기 때문일 것이다. 유아교육에서조차 '놀이가 중심이 되는 교육'이기보다 '교육을 위한 놀이'로, 즉 놀이는 여전히 인지 중심의 교육의 과정 속에서 주변적 존재로 다루어지고 있기 때문이다. 이러한 현상은 유아교육의 경우 놀이교육이 당연시되면서 기계적으로, 친숙한 느낌에 의해, 자연스러운 것으로 여겨짐에 따라 놀이의 의미와 가치에 대해 고민하지 못함에 따른 것으로 보인다. 유아교육에서 놀이는 그것의 의미와 가치를 물어볼 생각조차 하지 못할 만큼 일상 속에서 반복적으로 행해지는 일이 되고 있다. 즉, 일상이 그러하듯이 놀이도 개인의 사사로운 것으로, 비판되기보다 먼저 수용되고 긍정적으로 받아들여야하는 것으로 간주되면서 놀이의 본질인 즐거움을 등한시하는 위험에 처해 있다고 볼 수 있다.

유아뿐만 아니라 인간에 있어 놀이와 즐거움은 인간 욕구 자체이다. 원초적인 욕구충족에만 몰입할 때 참된 의미의 인간됨을 전유할 수 없듯이 역으로 오로지 이성적이며 가공적인 노동(또는 일)에 잠식되어 생산성만을 추종한다면 인간 존재에 대한 훼손은 당연한 결과로 나타날 것이다. 왜냐하면 인간은 놀이와 즐거움을 찾는 존재임에는 의심할 여지가 없기 때문이다. 이는 놀이의 본질적 의미와 가치에 대해 다시 한 번 생각하게 만든다. 즉, 놀이는 본질적으로 즐겁고 재미있는 활동이며, 따라서 수동적이거나 강제적일 수 없다는 점이다. 동시에 놀이가 자연스럽고 창조적인 활동일 수밖에 없는 것도 여기에 있다. 만약 놀이가 전적으로 교육적일 수만 있다면(또는 교육이 전적으로 놀이적일 수만 있다면), 아이들은 배움의 즐거움과 배움의 권리를 스스로 찾게 될 것이다. 배움의 즐거움을 아이들이 알게 될 때 배움은 강제적일 수도 구속적일 수도 없을 뿐만 아니라, 오히려 아이들은 배움의 터를 마치 놀이의 즐거움을 찾아 지속적으로 생성의 지평을 펼치는 것처럼 지속적인 변화와 생성을 향한 탈주선으로 삼을 것이기 때문이다.

그리고 놀이가 중심이 되는 배움은 인지적 학습을 목표로 삼지 않기 때문에 아이들은 자신을 둘러싼 세계 또는 타자와의 관계에 대한 돌봄을 형성하는 여유를 가질 수 있다. 예를 들어, 학교생활, 특히 노는 과정에서 일어날 수 있는 갈등과 대립, 논쟁과 분리, 놀림과 적대감, 회피와 거절, 소외와 강제 등과 같은 부정적 요소들은 경쟁적인 성인 세계의 기만적이고 타락적이며 폭력적인 생활의 일면을 재현한 것이기 쉽다. 그러나 아이들이 배움 그 자체를 즐긴다면, 그 자체가 즐거운 놀이의 과정이 된다면, 배움은 협력의 과정 없이 일어날 수 없고, 이러한 협력이 비록 부서지기 쉬운 특성을 가지며 서로간의 갈등을 유발할지라도, 배움을 위한 지속적인 협력의 관계는 부정될 수 없는 현상이다. 단지 부정적인 체험마저도 미래적 삶의 방향을 스스로 결정짓게 하는 원형적 체험이자 교육적 체험이 될 수 있도록 교사가 '어떻게'(How) 개입할 것인지가 중요하다.

이때 주지해야 할 것이 아이들에게 놀이는 성인들의 생각과는 다른 의미에서 가치를 가질 수 있지만 결코 분리될 수는 없다는 점이다. 이는 통제적(또는 성인에 의해 매개되어진) 놀이가 아닌 '놀이, 그 자체'의 의미와 가치를 살린 교육적 놀이의 필요성과 어려움을 동시에 전달한다. 또한 교육적 놀이의 향방의 첫 출발이 자기에의 배려로부터 시작될 수밖에 없는 필연성을 전달한다. 아이들의 놀 권리를 보장하면서 동시에 교육적인 목표를 달성할 수 있는 가장 방안은 한 방향으로 규범화되기는 힘들다. 사실상 교육의 향방을 결정짓는 근원적인 지향에서 찾아야 한다. 이에 '자기에의 배려'는 추상적인 이념처럼 보이지만, 사실상 가장 구체적인 방향이자 방법이라고 할 수 있다. '자기에의 배려'는 아이들뿐만 아니라 교사들도 자신의 윤리적 가치와 배움의 목적을 아이들에게 강제하기보다는 아이들의 배움의 과정을 존중하며 그들의 입장에서 이해하고, 더 나아가 자신의 배움의 과정으로 삼는 적극성을 갖게 만든다. 이때 교사는 놀이가 배움의 과정으로 전환되는 순간을 놓치지 않고 가시화하며 배움의 동반자를 자처하게 된다. 말하자면 더 확장된 배움의 과정에 도전하는 탐험가 '되기'인 것이다. 타자(또는 사물이나 세계)에 대한 이해는 보편적인 공통의 이해방식으로서만 이해되는 것이 아니다. 오히려 진정한 이해는 상식의 선을 넘어서 타자의 이질적인 특성마저도 받아들일 때, 개인을 넘어 집단 또는 세계를 이해하는 능력을 한층 고양시킬 수 있는 역량을 의미한다.

그러나 이 역시 저절로 이루어지는 것은 아니다. 자기 배려를 위한 배움의 노력이 필요하다. 이때 교사들의 '만남'이 중요하다. 이 '만남'은 아이들의 '놀이'를 통한 '배움'과 '돌봄'을 위한 교육적인 만남을 의미한다. 이 '만남'은 교사들에게 그 자체가 도전이며 이해의 장이라고 할 수 있다. '만남'을 위해서는 소통과 이해가 전제되지 않을 수 없다. 혼자보다는 '함께'일 때 소홀히 여겼던 것마저 교육적인 의미와 가치로서 파악되기 쉽다. 무엇보다 탐험가로서 교사의 실험적 정신을 고양시킬 수 있다. 이러한 탐험가로서 교사는 아이들의 욕망에 대한 내적 조정자로서 역할을 '어떻게' 수행해야 할지를 스스로 선택하고 도전하게 만든다는 점에서 보다 혁신적인 교사교육의 장이기도 하다. 무엇보다 이 만남의 장은 교사들이 스스로, 기꺼이 즐거운 마음으로 참여한다는 전제를 바탕으로 한다는 점에서 '나눔'의 장 자체가 놀이의 장이자 배움의 장이 된다.

따라서 이와 관련된 실행연구들이 전개될 필요가 있다. 모든 현장과 교사의 이해의 방식은 다르다. 아이들의 놀이를 통한 '배움'과 '돌봄'이 일어나는 순간도 다르다. 그러나 하나의 현장은 어떤 하나의 장소만을 말하는 것도, 또 특정한 집단을 의미하는 것도 아니다. 개별 현장에 대한 파악은 생각해 볼 거리를 만들며, 참여하는 방식을 생각하게 하고, 다른 현장에서 일어날 수 있는 문제를 재형상화해 보게 한다는 점에서 공통적인 것뿐만 아니라 차이를 파악하는 것으로 보다 넓은 이해의 방식을 갖게 만든다.

Chapter 08

학교로의 귀환: '배움'과 '돌봄'의 학교공동체

지금까지 중학교전이를 전후하여 성별에 따른 아이들의 놀이문화와 놀이에 관한 담론에 대해 기술하였다. 놀이문화에 등장하는 아이들은 주로 학교 밖의 생활에 중점을 두고 있는 아이들로, 성인들의 시각에서는 소위 '노는 아이들'로 분류되는 아이들이라고 할 수 있다. 이들은 지역의 도심 외곽 지역 산동네에 거주하는 아이들이며, 비교적 오랫동안 함께 생활하고 성장해 온 사이이다. 초등학교 고학년이 되면서 학교생활에 부적응 현상을 보이기 시작한 아이들은 학교 밖 생활에서 노는 또래문화를 형성하는 것으로 자신들의 관심사를 찾기 시작했다. 이들 또래집단의 아이들은 기본적으로 학교폭력 등과 관련하여 한 차례 이상의 처벌을 받은 경험이 있거나 학교폭력 경험(가해자, 피해자, 방관자)이 있는 아이들이다. 이는 학업에 실패를 경험한 학생들일수록 폭력과 같은 범죄에 참여할 위험이 높으며(Maguin & Loeber, 1995), 이들이 청소년 범죄를 일으킬 가능성이 큰 것으로 예측되며(Hawkins et al., 1987), 공격적인 학생들이 그들의 또래로부터 거절될 때 범죄, 약물 남용, 및 행동 무질서의 가능성이 급증하게 될 수 있다(Hawkins, Farrington & Catalano, 1998)는 연구 결과들을 반추하게 한다. 왜냐하면 학업성취도가 낮고 상대적으로 공격성이 높은 이들 '노는' 아이들의 또래와의 관계 형성에서 반사회적 행동을 보다 극단적인 형식으로 그리고 서로 부추기는 형식으로 폭력적인 행동을 강화하며 보다 일탈적인 또래집단을 형성할 가능성이 높을 것이라는 유추를 해낼 수 있기 때문이다.

그럼에도 불구하고 우리가 희망의 한 자락을 놓지 못하는 것은 이 시기의 아이들의 특성이라고 할 수 있는 "또래집단에 대한 강한 지향과 동조, 또래문화의 일상성 지배"(오경희·한대동, 2015)가 빚어낸 부정적 결과와는 다른 측면에 대한 기대이다. 이들의 또래문화는 (비록 그 놀이가 부정적일지라도) 놀이를 중심으로 학교화(schoolifiction)로 화석화되어가는 학교교육에 일침을 가하며 자연스러운 것으로 간주되어져 온 맥락으로부터 벗어나 탈맥락화하여 자신이 속한 사회와 바로 그 맥락 속에서 의미 만들기를 주저하지 않는다.

이는 최근 몇 십 년간 지식과 경험을 일치시키며 학습을 현실로 구성하는 순환적 과정으로 보는 교육에 있어 구성주의적 접근을 떠올리게 한다. 아이들이 생산해 낸 무엇에서(그것이 무엇이든지 간에) 의미를 찾아내고자 하는 이 접근은 심지어 그것이 폭력적인 것으로 간주되는 것일지라도 그들에게는 의미있는 어떤 것에 대한 강력한 표현이라는 점에 관심을 둔다. 이와 같은 접근은 근본적으로 아이들은 자신만의 성장역량을 갖고 있다고 본다. 그리고 아이들의 성장역량은 또 다른 형식의 건전한 또래문화를 형성할 수 있는 가능성을 보여준다. 특히 노는 아이들은 놀이에 대한 지향이 강하다는 점에서 놀이가 지닌 "주체, 진리, 선·악, 평등 등의 근대 형이상학의 가치목록을 대신할 우연, 관점, 웃음, 춤, 몸, 힘, 대지 등 형이상학 시대 이후에 도래할 가치 창조의 원천"(정낙림, 2016: 10)이 되는 잠재적 역량에서는 적어도 다른 아이들에게 밀리지 않을 만큼 갖고 있을 것이다. 문제는 아이들이 자신의 역량을 어떻게 긍정적인 방향으로 펼치는가에 있으며, 이때 교사 및 학교, 학부모 및 지역사회는 어떻게 아이들을 강력하게 규제하거나 지도하기보다 지속적으로 되어가는 존재로 함께 배움의 과정에 참여할 수 있게 하는가에 있다.

학교교육이 현재로서는 가장 일반적이며 강력하고 안전적인 대안의 방향이라는 점에서는 의심할 여지가 없다. 그렇다면 이들 노는 아이들의 '학교에로의 귀환' 역시 가장 안전하고 편안한 숨결을 느낄 수 있는 길일지도 모른다. 예를 들면, 일본의 사토마나부 교수는 학교로부터 도주하는 아이들을 배움의 장으로 초대하기 위하여 '수업'을 중심으로 배움의 공동체를 실천했다. 그는 학교조직의 궁극적인 목적이 배움에 있고 그 중심에 수업이 있다는 점에서 '수업'의 문화가 바뀌지 않는 한 배움으로부터 도주하는 아이들을 학교로 귀환시키기는 힘들 것이라고 여긴 것이다. '배움'의 공동체는 그러한 측면에서 설득력을 가진다. 모두를 일등으로 만들고자 하는 것이 아니라 적어도 '노는 아이들'의 입장에서 학교생활을 즐겁게 하기 위해 '배움'에 대한 즐거움을 갖게 하는 것이라고 할 수 있다. '배움'의 공동체의 중심에는 '한 사람도 뒤쳐지지 않는 배움'을 지향하며 '서로 배움의 관계를 형성한다'는 '돌봄'의 관계를 강조한다. 즉, 배움과 돌봄의 경계를 무화시키는 것으로 배움이 곧 돌봄이며, 돌봄이 곧 배움일 수 있게 하는 공동체교육이다.

이 장에서는 최근 손우정 교수가 학교현장에서 학교개혁의 일환으로 실천하고 있는 '배움의 공동체' 운동과 학교폭력과 관련하여 학교공동체교육의 중요성을 강조한 저자의 연구(한대동 교수와 공동 연구한 논문)를 소개 및 재구성하는 작업을 통해 '노는' 아이들을 학교로 귀환시키기 위한 길을 여는 데 기여하고자 한다.

1 배움의 공동체교육의 철학적 원리

손우정 교수(2019)는 배움의 공동체교육은 어떤 방법적인 기법이나 처방책이 아니라 그 자체가 비전이며 철학이고 시스템이라고 강조한다. 그가 제시하는 배움의 공동체교육의 철학적 원리를 간략하게 소개하면 다음과 같다.

첫째, 배움의 공동체학교의 비전은 '학교는 아이들이 서로 배우는 장소뿐만 아니라 교사도 전문가로서 서로 배우고, 보호자나 시민도 개혁에 참가하여 서로 배우는 장소'이다.

둘째, 배움의 공동체학교에서는 어떤 아이도 소외되지 않고 배움의 권리를 실현하며, 교사 역시 한 명도 빠짐없이 전문가로서 함께 성장을 실현할 것을 목적으로 삼는다.

셋째, 배움의 공동체학교에서는 '공공성의 철학', '민주주의의 철학', '탁월성의 철학'이라는 세 가지 철학적 원리를 바탕으로 삼는다. '공공성의 철학'은 학교이 목적과 교사의 역할을 공공적 사명으로 보고 배움의 권리의 보장과 민주주의사회의 실현에서 찾고 있다. 그리고 학교 공간을 공공 공간으로 재구축하고 모든 교사가 교실을 동료에게 열고 학교도 지역에 열 것을 요구하고 있다. '민주주의 철학'은 아이, 교사, 보호자 한 사람 한 사람이 주인공이 되는 학교를 찾는다. 여기에서 말하는 '민주주의'는 정치적 절차가 아니라 듀이(Dewey)의 '다양한 사람들이 함께 살아가는 방법'(a way of associated living)을 의미한다. '탁월성의 철학'은 수업에서도 배움에서도 항상 최선을 다하는 것으로, 최고를 추구하는 것을 의미한다.

이 세 가지 철학을 실천하는 장치가 '활동 시스템'으로, 교실은 '협동적인 배움', 교무실은 '동료성' 구축(교사 전원이 참여하는 수업연수), 보호자의 학습 참가(수업참관의 개혁)를 통해 대화적인 커뮤니케이션을 모든 활동에 관통시키는 시스템을 제시하고 있다. 그리고 이 커뮤니케이션은 '경청'을 기본으로 하고 있다. 즉, '활동시스템'은 어떤 상황에서도 '서로 듣는 관계를 기본으로 구성하고 있다.

이는 배움과 돌봄을 지향하는 공동체적 수업의 철학에서도 그대로 반영되어 있다. 한대동 교수(2016)는 수업은 방법적 기술을 논하기 전에 그 근본적인 철학이 전제되어야 한다고 강조한다.

첫째, 수업은 학생들의 학습에 초점을 맞추어야 한다. 물론 교사의 지도가 없는 학생들의 학습은 있을 수 없지만 이제까지 우리의 대부분의 수업은 학생들의 학습보다는 교사의 지도방식에 중점이 주어져 있다. 이러한 교사 중심 수업은 심하면 학생들 개개인의 학습은 도외시한 채 교사 자신의 수업 연기에만 열중하는 꼴이 된다. 이러한 수업은 교사가 아무리 수업기술이 뛰어나다 해도 결코 학생들을 위한 수업이라고 할 수 없다.

둘째, 수업에서 한 사람의 학생도 배움으로부터 소외되어서는 안 된다. 우리의 수업에서 보면 의외로 많은 학생들이 수업에서 의미 있는 배움으로부터 소외되고 있고, 급우로부터 또는 교사로부터 소외당하고 있는 실정이다. 이러한 소외되는 학생들을 될 수 있는 대로 줄이는 수업이 되어야 한다. 그러기 위해서는 교사는 학생 개개인에 대한 관심과 배려가 항상 있어야 하고, 동료 학생들에게도 다른 처진 친구들에 대한 배려와 돌봄을 베풀도록 지도해야 한다.

셋째, 구성원 상호간의 관계와 돌봄에 바탕을 둔 협력 학습은 교사의 통제나 학생의 자유에 기반한 개별적인 학습보다 학생들의 진정한 학습에 더 효과적이다(Dewey, 1916; Vygotsky, 1978). 학습은 학습자 간의 경쟁적 상황보다는 협력적 상황에서 일어나는 것이 바람직하다. 경쟁적 상황에서 습득한 지식과 기술은 다른 사람을 이기는 데 쓰이는 배타적 무기가 될 소지가 크고, 다른 사람과의 협력적 상황에서 얻은 지식과 기술은 사회와 공공을 위한 공기가 될 가능성이 높다. 우리 교육에서 필요한 것은 학생 개인 간의 배타적 경쟁을 통한 수월성보다는 다른 사람과 더불어 협력하고 돌보는 품성과 태도이다. 그리고 협력적 관계를 통하여 이룩한 성취는 학습자에게 더욱 의미가 크고 보람 있는 기쁨이 된다.

넷째, 소속감과 관계에 기반한 학교공동체는 학생들의 성취와 행복을 증진시킨다(Shields, 2002; Bryk, Lee & Holland, 1993). 구성원들의 소속감과 긴밀한 관계로 형성된 학교공동체는 구성원들 간의 협력과 신뢰를 가져다주어 결국 학생들의 성취와 행복감을 높인다.

다섯째, 진정한 학습은 교사의 학생에 대한 일방적 전달보다는 상호 간의 관계를 통하여 일어난다. 따라서 수업에서 학생과 학생 간 그리고 교사와 학생 간의 상호작용이 많이 일어나도록 해야 한다.

여섯째, 학생들의 학습은 그들의 흥미와 이해수준에 적합한 활동과 경험을 통하여 개념과 사물이 학습될 때 더욱 의미 있고 효과적임을 밝히고 있다.

2 배움 중심의 수업 디자인과 전문가 학습공동체

손우정 교수는 배움 중심 수업에서 '배움'은 세계만들기(인지적 실천)와 동료만들기(대인적 실천)와 자기만들기(자기내적 실천)의 세 가지 차원에 걸친 대화적 실천에 의해서 수행되며, 이 세 가지 대화적 실천이 삼위일체가 되어 의미와 관계를 엮어가는 영속적인 과정이 배움이라고 설명한다. '배움'을 중심으로 한 수업은 지식이나 기능을 획득하고 축적하는 활동으로부터 지식이나 기능을 표현하고 공유하는 활동으로 전환하는 수업이기도 하다. 함께 배우는 관계는 대화적 실천으로서 일어나며, 이러한 표현적 배움은 풍부한 자기표현을 넘어서 표현의 뿌리에 있는 듣는 힘이나 생각하는 힘을 기르는 일을 의미한다.

배움의 세 가지 자원	수업에서의 실천	배움의 의미
텍스트와의 만남과 대화	교과 본질 추구	활동적인 배움
타자와의 만남과 대화	소집단활동	협동적인 배움
자기와의 만남과 대화	표현과 공유	성찰적인 배움

그림 8-1 대화적 실천으로서의 '배움'

손우정 교수는 배움이 공동체 수업에서 배움이란 만남과 대화를 특징으로 하는 활동이며, 학습자는 지식이나 기능의 수용자가 아니라 의미와 관계를 구성하는 활동적인 주체로 정의됨을 강조한다. 이를 위해서 3~4명에 이르는 소집단 구성하기, 경청하기, 작은 소리로 말하기, 연결 짓기, 도전적인 과제 제시하기, 돌봄의 관계를 형성할 수 있는 상호작용하기, 다른 사람의 말에 귀 기울이기, 다양한 자원 활용하기 등은 배움의 공동체 수업을 형성하기 위한 세부적 가이드라고 볼 수 있다. 이러한 가이드는 기본적으로 학생들의 배움의 관계를 창조하기 위한 것이다. 그러나 교사들 역시 서로 배움의 관계를 창조하지 않는다면 실제 수업에서 만나게 되는 다양한 벽을 넘어서기 힘들 것이다. 이때 필요한 것이 교사들을 위한 만남의 장이다. 이를 위해 손우정 교수는 전문가의 배움의 공동체인 '전문가 학습공동체'(Profesional learning community)의 중요성을 강조한다. 전문가 학습공동체는 단순히 수업만들기에 그치는 것이 아니라 동료와 만남을 통해 배움의 공동체를 구성하고 공동 실천해 나가는 것을 의미한다.

한대동 교수(2016) 역시 전문가 집단인 교사협의회의 중요성을 강조한다. 교사협의회는 주로 수업이나 학생지도에 관하여 교사들이 전체적으로 또는 소집단으로 모여 협의하는 모임을 말한다. 특히 수업 개선을 위한 협의와 연구를 목적으로 갖는 모임이 중요하다. 이러한 교사들의 모임은 대부분의 학교에서 이루어지고 있으나 형식적인 경우가 많아 실제적인 효과를 거두지 못하고 있는 실정이다. 교사협의회가 제대로 이루어지면 수업 연구나 협의를 통해 교사들 간의 동료성과 전문성이 증진되어 결국은 학교공동체 형성에 일조하게 된다. 그러면 교사협의회는 어떻게 운영하는 것이 좋은가?

첫째, 교사협의회는 자발적인 필요에 의해서 갖게 될 때 효과적이다.

둘째, 교사협의회의 내용은 사적인 친목이나 취미에 관한 것보다는 수업 개선이나 학생에 대한 이해 및 생활지도 등에 관한 것이어야 한다.

셋째, 교사협의회의 규모는 3~5명 정도로 작아야 실제적인 운영이 용이하다.

넷째, 수업협의회에 모든 교사들이 참여해야 하며, 참석한 모든 교사들은 자신들이 참관한 수업에 대해서 한 사람도 빠지지 말고 돌아가면서 자신의 의견을 내놓아야 한다.

다섯째, 수업협의회 시 참관한 수업에 대해서 평을 할 때 가급적 그 수업을 통해서 자신들이 배운 바를 중심으로 긍정적이고 건설적으로 논평하는 것이 바람직하다.

여섯째, 수업협의회에서 논의의 관점을 가급적 공동체적 수업의 관점에서 이루어지도록 함으로써 그 방향으로 수업개선을 도모하는 것이 바람직하다.

일곱째, 교사협의회, 특히 수업협의회는 교장이 직접 참여하여 선도해야 한다.

여덟째, 교사협의회는 정기적으로 자주 갖고 참여율을 높여야 한다.

아홉째, 수업협의회를 통하여 자신의 수업개선을 도모하기 위해서는 모든 교사들이 수업을 항시 공개하도록 되어야 한다.

이와 같은 배움과 돌봄을 중심으로 한 학생중심의 공동체적 수업과 그러한 수업으로 개선하기 위한 교사들의 수업협의회를 통하여 교사-학생 간의 관계, 학생-학생 간의 관계, 교사-학부모 간의 관계, 교사-교사 간의 관계, 교사-교장 간의 관계, 교장-학부모 간의 관계 등이 상호 이해와 신뢰를 바탕으로 긴밀해짐으로써 궁극적으로 학교공동체 형성에 기여하게 된다. 이것이 학교공동체 실천모델의 핵심이라고 본다.

1) 교사협의회 사례

다음은 초·중등학교 교사들이 함께 한 교사협의회의 한 사례이다. 이 사례는 부산의 C 초등학교에서 이루어진 교사협의회의 정기 월례회의 한 사례로, '초등 3학년 국어과 수업'이다. 비디오 분석에 앞서, 무엇을 중심으로 볼 것인가에 대한 사전 설명이 이루어졌다. 예를 들면, '모든 아이들이 수업에 참여하는가?', '수업 중에 머뭇거리거나 당황하는 아이가 있는가? 그때 교사는 그것을 어떻게 받아들이는가?', '아이들은 서로 들어주는가?'를 중심으로 살펴보도록 일러준다. 이는 '서로 배우는 관계가 형성되는가?'를 보는 것이다. 수업 비디오를 본 후 수업협의회가 이루어졌다. 먼저, 수업한 교사가 자신의 수업을 간략하게 소개하면서 나름대로 자신의 수업을 평가한다. 비디오상의 수업 전체 분위기는 침묵 가운데 잔잔한 소란스러움이 일고 있었다. 수업은 "만약에 내가 ~이라면" 식의 토의 수업으로 진행되었다.

진행자: 어떤 관계, 어떤 배움이 구체적으로 일어났나요? 예를 들면, '아이들은 저렇게 생각하는구나'라고 생각되는 부분이 있나요?

교사 1: 교실이 소란스러운데도 불구하고 교사의 인내심이 대단한 것 같아요. 저 같으면 참기가 힘들 것 같아요. 정말 '나' 중심의 수업방식에서 '학습자' 중심의 수업방식으로 나아가는 것을 볼 수 있어 좋았어요.

교사 2: 여자 아이들의 토의가 활발해서 수업 목적에 잘 도달할 수 있었던 것 같아요.

교사 3: 아이들 반응 중심 교육으로 편안하게 진행하시는 것 같아요.

교사 4: 수업에 무관심하며 무기력한 아이들이 울면서 표현하고자 시도하는 모습과 아이들이 교사를 기다리고 있는 모습이 인상적이었어요.

대학 연구진 1: 이 수업을 보니, 아이들이 학교를 포기했지 배움을 포기한 것은 아니라는 생각이 드는군요.

진행자: 단발머리 여자아이는 왜 수업집중을 못했는지요? 제대로 듣고 있었지만, 배움으로 들어가야 할 순간을 포착하지 못한 것은 아닌지? 예를 들면, '할아버지가 돌아가고서 슬펐다'라는 아이의 대답이 turning point가 된 것으로 보이는데요, 그렇다면 그 순간 교사는 어떻게 연결 지을 수 있을까요? 기회만 주는 것이 중요한 것이 아니라 '배움의 길'에 초점을 둘 필요가 있다고 생각합니다. 그리고 모르는 아이일수록 쉽고 반복적인 것을 싫어하는 경우가 더 많습니다. '배움의 수준'을 조금 높게 정하는 것도 좋은 방법이 아닐까요? 그리고 '서로 배우는 관계'가 잘 형성되지 못하고 있는 것 같군요, 많은 발표를 했지만 내 주장만 있지, 서로 들어주지는 못하는, 그래서 서로 '배움의 공유'가 부족한 것 같다는 생각이 들더군요.

위의 사례는 수업비디오를 본 뒤 교사들과 대학연구진들이 수업을 통해 서로의 생각을 나누는 장면의 일부분이다. 여기에는 나름대로 수업을 보는 지침이 있다. 즉, '배움'과 '돌봄'의 수업공동체가 이루어지고 있는지를 위해 수업참관을 위한 구체적인 질문을 다음과 같이 제시하고 있다. '아동 한 명 한 명이 모두 수업에 참여하고 있는가? 아동들은 수업과정 중 어디에서 머뭇거리고 있는가? 교사는 한 명 한 명의 중얼거림과 당황함을 받아들이고 있는가? 예기치 않은 아동들의 반응에 대해 교사는 유연하게 대응하는가? 도움을 필요로 하는 아동들에 대해 교사는 적절한 대응을 행하고 있는가? 아동 한 명 한

명은 서로 듣는 태도가 되어 있는가? 아동은 교사에게 안심하고 도움을 청하는가? 아동은 안심하고 발표를 하는가? 아동은 다른 발표자에게 관심을 가지고 있는가? 교사가 의식하지 않는 곳에서 아동들의 배움의 싹을 손상시키는 대응은 없었는가? 교사는 아동 한 명 한 명에게 정중하게 대하는가? 교사와 아동은 서로 배움을 교환하는 관계가 형성되어 있는가? 서로 상호작용이 활발한가?'이다. 이러한 질문은 협의회 횟수가 늘어나는 만큼 증가해 나갔다. 이러한 지침은 교사들이 자신의 수업이 어떻게 이루어지고, 어떤 경우에 '배움'과 '돌봄'이 촉발되는지를 이해하는 데 도움을 주고자 하는 것으로, 기존의 규범적이고 법칙적인 평가를 위한 기준과는 거리가 있다.

무엇보다 교사협의회는 다양한 수준의 학교 현장교사와 대학연구진이 함께 참여해서 이루어져 보다 이상적인 형태의 공동체 모습을 보여 준 사례라고 볼 수 있다. 단지 아쉬운 점은 유아교사들이 배제되어 있다는 점이다. 그럼에도 불구하고 위 사례에서 볼 수 교사협의회가 현장 교사들이 서로의 교육 실천(수업 비디오 분석)과 이론을 나누면서 함께 성장하는 배움터의 역할을 톡톡히 해내고 있다는 점이다. 이처럼 교사들이 적극적으로 참여하여 서로 배움의 관계를 형성하는 활동들은 교사의 전문성과 자율성을 확보하는 데 기여할 뿐만 아니라 무엇보다 교육공동체문화를 형성할 수 있는 방안을 찾는 데 기여할 수 있다.

3 학교공동체와 학교폭력[17]

많은 연구들이 공동체적 수업실천과 학생들의 공동체의식의 관계나 또는

17) 이 장은 한대동, 오경희(2013)의 초등학교에서의 공동체적 수업실천과 공동체의식이 학교폭력 자제행동에 미치는 영향. 교육사회학연구, 23(4), 207-235., 오경희 · 한대동 · 박의향(2015a)의 초등학교에서의 교사와 학급의 공동체적 수업 실천이 학교폭력에 미치는 영향. 청소년학연구, 22(3)., 오경희 · 한대동 · 박의향(2015b)의 교사의 공동체적 수업과 학생의 돌봄적 수업태도가 학교폭력에 미치는 영향: 초등학교 6학년을 중심으로. 교육사회학연구, 25(2), 97-123.의 연구를 재구성하여 기술하였다.

공동체의식과 학생들의 문제행동이나 학습과의 관계를 중요하게 다루어왔고 그 관계의 밀접함을 논증하거나 확인해왔다. 그러나 이러한 연구들은 대부분 그 관계들을 이론적으로 논구하거나 주로 관찰과 같은 질적인 연구방법을 통해 확인하는 방법을 취하고 있으며, 또한 그들이 의거하고 있는 실증적인 사례들이 대부분 일본과 미국과 같은 외국의 상황에 국한되어 있다.

이에 저자와 공동 연구자(한대동 · 박의향)가 한국적인 상황에서 공동체적 수업실천, 학생들의 공동체의식, 학교폭력 간의 인과관계를 계량적이고 실증적인 방법으로 확인한 연구를 개략적으로 소개하고자 한다. 이 연구들은 학생들의 공동체의식이 공동체적 수업실천에 의해 형성될 수 있으며, 그러한 공동체의식이 학교폭력에 영향을 미치는가를 초등학교 고학년 학생들을 대상으로 계량적인 측정과 분석방법을 통하여 실증적으로 확인한 것이다.

먼저 한대동과 오경희(2013)는 학교폭력의 학교 내 관련요인이라고 할 수 있는 공동체적 수업실천과 학생들의 공동체의식이 학교폭력 자제행동에 주는 영향을 이론적으로 논구하고 그것을 실증적으로 확인하고자 하였다.

이 연구 부산시 초등학교 27개교에 재학하는 4, 5, 6학년을 대상으로 4,525명을 표집하여 이들에게 공동체적 수업실천, 공동체의식, 학교폭력 자제행동을 측정하는 문항으로 구성된 질문지를 사용하여 자료를 수집하였다. 공동체적 수업실천이 공동체의식을 매개변인으로 하여 학교폭력에 주는 영향을 주요 연구문제로 설정하였다. 연구결과는 다음과 같다.

첫째, 공동체적 수업실천은 공동체의식에 뚜렷한 영향을 주었다.

둘째, 공동체의식은 학교폭력 자제행동에 뚜렷한 영향을 주었으며 공동체적 수업실천의 학교폭력 자제행동에 대한 영향의 대부분을 매개하는 것으로 나타났다.

셋째, 초등학교 고학년들의 공동체적 수업실천, 공동체의식, 학교폭력 자제행동 수준은 다소 높은 편이었으나 바람직한 수준에는 못 미치는 것으로 볼 수 있다.

넷째, 6학년은 4학년에 비해서 공동체적 수업실천, 공동체의식, 학교폭력 자제행동의 수준이 다소 낮았으며, 세 변인 간의 인과적 영향 정도에 있어서는 별 차이가 없었으나 수업실천과 공동체의식이 학교폭력 자제행동을 설명하는 양은 4학년에 비해 6학년이 약간 적었다.

끝으로 공동체적 수업실천, 공동체의식, 학교폭력 자제행동의 수준에 있어서 여학생들이 남학생들보다 다소 더 높았으며 공동체의식이 학교폭력에 주는 영향도 여학생들이 남학생들보다 약간 더 높았다.

다음으로 오경희·한대동·박의향(2015a)의 연구에서는 교사의 공동체적 수업실천, 학급의 공동체적 수업실천, 학교폭력(가해행동과 피해경험)을 주요 연구변인으로 설정하고, 이들 간의 인과관계를 이론적으로 검토하여 그것을 실증적으로 확인하는 것을 주 연구문제로 설정하였다. 부산시와 양산시 초등학교 12개교에 재학중인 6학년을 대상으로 1,190명을 표집하여 이들에게 교사의 공동체적 수업실천과 학급의 공동체적 수업실천, 학교폭력(가해행동과 피해경험)을 측정하는 문항으로 구성된 질문지를 사용하여 자료를 수집하였다.

이에 따른 분석 결과는 다음과 같다.

첫째, 교사의 공동체적 수업실천이 학급의 공동체적 수업실천에 직접적인 영향을 주는 것으로 나타났다.

둘째, 교사의 공동체적 수업실천이 학교폭력 가해행동과 피해경험에 직·간접적인 영향을 미치는 것으로 나타났다.

셋째, 학급의 공동체적 수업실천이 학교폭력 가해행동과 피해경험에 직접적인 영향을 주는 것으로 나타났다.

마지막으로 오경희·한대동·박의향(2015b)의 연구에서는 교사의 공동체적 수업, 학생의 돌봄적 수업태도, 학교폭력(가해행동, 피해경험, 방관행동, 가해동조행동, 피해자방어행동)을 주요 연구변인으로 설정하여 이들 간의 인과관계를 고찰하고, 이를 실증적으로 확인하는 것으로 교사의 공동체적 수업과 학생의 돌봄적 수업태도가 학교폭력에 미치는 영향을 살펴보고자 하였다. 이를 위해 부산시와 양산시 초등학교 12개교에 재학중인 6학년을 대상으로 1,190

명을 표집하였다. 이들에게 교사의 공동체적 수업, 학생의 돌봄적 수업태도, 학교폭력을 측정하는 문항으로 구성된 질문지를 사용하여 자료를 수집하였다. 이에 따른 분석 결과는 다음과 같다.

첫째, 교사의 공동체적 수업은 학생의 돌봄적 수업태도에 정적인 직접효과가 유의미하게 나타났다.

둘째, 교사의 공동체적 수업은 학교폭력 피해경험, 방관행동, 가해동조행동에 부적인 직접효과가 유의미하게 나타났다.

셋째, 교사의 공동체적 수업은 학생의 돌봄적 수업태도를 매개로 학교폭력 가해행동, 피해경험, 방관행동, 가해동조행동에 부적인 간접효과와 피해자방어행동에 정적인 간접효과가 유의미하게 나타났다.

넷째, 학생의 돌봄적 수업태도는 학교폭력 가해행동, 피해경험, 방관행동, 가해동조행동에 부적인 직접효과와 피해자방어행동에 정적인 직접효과가 유의미하게 나타났다.

이러한 결과들은 학교폭력을 줄이기 위해서 먼저 공동체적 수업실천과 그에 따른 공동체의식을 높일 것과 특히 이것을 초등학교에서 학년이 높아질수록, 여학생보다는 남학생들에게 더 강화할 필요가 있음을 보여준다. 그리고 학교폭력 가해행동을 감소시키고, 학교폭력 피해를 줄이고 예방하기 위해서는 초등학교에서 교사의 공동체적 수업실천과 학급에서의 공동체적 수업실천을 강화할 필요가 있음을 제안할 수 있게 한다. 또한 초등학교에서 교사의 공동체적 수업과 학생의 돌봄적 수업태도가 학교폭력 예방의 한 대처방안이 될 수 있음을 나타낸다.

특히 학교폭력과 관련된 그동안의 연구들이 주로 중등학교 학생들을 대상으로 이루어졌고, 초등학교에서 학년이 올라갈수록 학교폭력이 점차 심해지고, 특히 여학생들의 학교폭력과 비행 문제가 심각해지는 요즈음의 추세를 감안할 때 초등학교 학생들을 대상으로 밝혀 낸 이러한 연구결과는 초등학교에서의 공동체적 수업실천과 공동체의식이 학교폭력 예방 및 대응 전략의 의의와 가치를 가지고 있음을 확인시켜 준다.

4 에필로그

'배움'의 공동체 또는 '배움과 돌봄을 위한 학교공동체'는 학교활동 영역의 중심이 되는 수업과 교사협의회와 같은 활동을 통해 상호간의 배움(또는 돌봄)의 관계를 돌봄(또는 배움)의 차원에서 실천하고자 하는 교육개혁의 일환이다. 특히 학교폭력의 심각성은 사회적 이슈로서 온 국민의 우려 깊은 관심사가 된 지 오래이지만, 이에 대한 명확한 대책은 내놓지 못하고 있는 상황에서 수업을 통한 배움과 돌봄의 관계를 형성할 수 있다면 이보다 더 근본적이며 교육적인 예방 및 대책이 될 수 있는 것은 찾기 힘들 것이다. 왜냐하면 이 시기 아이들의 생활의 전반을 차지하고 있는 곳이 학교이고, 학교생활은 주로 수업을 중심으로 이루어진다는 점에서, 수업으로부터 이미 소외된 아이들에게 학교폭력을 근절시키기란 쉽지 않기 때문이다. 이는 역으로 수업이 이들 아이들에게 적어도 소외의 요인이 아니라면, 어쩌면 학교폭력도 줄어들 가능성이 클 수 있을 것이라는 조심스러운 유추를 해 볼 수 있다. 말하자면 학교에서의 수업방법과 수업실천의 전환이 학교폭력을 예방하거나 줄일 수 있는 대안이 될 수 있다는 것이다.

수업활동을 통해 어떤 지식을 습득하는지가 아니라 어떤 경험을 하는지에 초점을 맞추게 되면, 경험 자체가 교육의 과정으로써 의미있는 배움이 될 수 있다. 수업에서 경험의 과정은 학생들의 폭력을 포함하여 여러 가지 영역에서 많은 영향을 주게 될 것이기 때문이다. 따라서 학교폭력 문제에 접근함에 있어서 수업활동이나 실천을 통해서 학교폭력을 예방하고 줄일 수 있는 방안을 모색하는 것은 이 시기의 아이들의 미래까지도 어느 정도 보장할 수 있는 대책이 될 수 있다는 점에서 보다 중요하다고 할 수 있다.

학교폭력을 감소시키는 효과를 지닌 수업방법 및 실천에 대한 구체적 방안은 여러 측면에서 찾을 수 있다. 그러나 그 기본적인 목적과 방향은 크게 다를 수 없다. 예를 들어, 학생들 간에 상호 이해와 돌봄의 관계를 형성하는 방향으로 의식이 형성되고 행동을 한다면 학교폭력은 줄어들 것이며, 비록 학생들 간의 갈등과 불신으로 인해 다툼이 일어난다고 하더라도 그리 심각하지 않을 뿐만 아니라 긍정적으로 협상해 나갈 수 있을 것이다. 이와 같이 학생들 간의 협력과 돌봄의 공동체의식을 고양시키며 참여와 학습활동을 중시하는 학생 중심의 수업방식을 '배움'과 '돌봄'의 공동체적 수업이라고 할 수 있다. 기본적으로 공동체적 수업의 실천은 학생들 간의 '돌봄'의 관계를 형성하는 것으로 공동체의식을 형성하며, 이를 진정한 '배움'의 과정으로 연결한다. 그리고 이러한 아이들 간의 공동체의식은 학생, 교사, 학부모, 지역사회를 포함한 학교구성원들 간의 공동체 형성으로 확장하며 학교를 중심으로 지역사회 공동체를 형성하는 데도 기여한다.

여기에서 공동체의식이란 학생들이 소속된 학교나 학급에서 느끼는 소속감이나 학교(학급)의 일원으로서 다른 구성원들과 의미있는 관계를 맺고 있다는 느낌 등과 같이 공동체 구성원들이 공동체에 대해서 느끼는 소속감, 친밀감, 동질감, 가족의식과 같은 심리적 상태를 말한다. 이러한 공동체의식은 학생들의 내적 동기, 긍정적이고 친사회적인 태도나 행동, 친구들과 교사들에 대한 관심과 존중, 학교활동에의 참여나 헌신에 긍정적인 영향을 주며, 나아가서 문제행동을 감소시켜 주며 학업성취도도 높여주는 것으로 많은 연구들에서 보고되고 있다(Ryan, 1995; Wentzel, 1997; Battistich et al, 1995; Baumeister & Leary, 1995; Solomon et al, 1996, 한대동·오경희, 2013; 오경희·한대동·박의향, 2015a; 오경희·한대동·박의향, 2015b). 이러한 연구결과들은 공동체의식에 관한 개념과 측정방법들이 서로 다르긴 하지만, 학교폭력과 같은 문제행동들이 학생들의 공동체의식과 밀접한 관련이 있다는 것을 시사하고 있다.

이와 같이 많은 연구들이 공동체적 수업실천과 학생들의 공동체의식의 관계 또는 공동체의식과 학생들의 문제행동이나 학습과의 관계를 중요하게 다루어왔고 그 관계의 밀접함을 논증하거나 확인해왔다.

즉, 공동체적 수업실천이 학생들의 공동체의식 형성에 상당히 영향을 주고 있다는 점, 학생들의 공동체의식이 학교폭력 자제행동에 상당한 영향을 준다는 점, 공동체적 수업실천이 학교폭력 가해행동에 미치는 영향은 대부분 공동체의식에 의해 매개된다는 점, 특히 초등학교 4학년과 6학년을 비교했을 때 공동체적 수업실천, 학생들의 공동체의식, 학교폭력 자제행동 수준은 학년이 높아질수록 낮아지는 경향이 있다는 점, 공동체적 수업실천, 공동체의식, 학생들의 학교폭력 자제행동 수준에 있어서 여학생들이 남학생들보다 다소 더 높다는 점 등과 결과들은 학교폭력 예방 및 대응을 위한 한 방안으로 공동체교육이 될 수 있다는 점을 드러내고 있다. 또한 공동체교육은 공동체의식을 높이는 것으로 전개되며, 이는 학교교육의 핵심이라고 할 수 있는 수업실천을 통해 강화될 필요가 있음을 전달한다. 따라서 초등학교에서부터 학교폭력 예방을 위한 교육적 실천이 요구되며, 고학년으로 갈수록 학교폭력과 관련하여 보다 구체적인 실천이 요구된다. 특히, 공동체의식의 출발은 남에게 피해를 주지 않는 행동과 의식을 갖는 것으로부터 시작되어야 한다는 점에서 공동체적 수업실천을 통해 자연스럽게 공동체의식을 강화할 수 있다. 또한 학교폭력 예방은 젠더에 따라 다르게 접근해야 할 필요가 있으며, 특히 남학생들의 경우, 여학생들에 비해 수업뿐만 아니라 수업 외적 원인에 대해서도 관심을 가져야 할 필요가 있다. 아울러 이 연구의 제한점이라고 볼 수 있는 학교폭력에 대한 측정을 좀 더 종합적인 차원으로 확충하여 그것과 수업실천 및 공동체의식과의 인과관계를 규명하는 한층 개선된 연구가 요청된다.

참고문헌

강수택(1998). 일상생활의 패러다임: 현대 사회학의 이해. 서울: 민음사.

손우정 역(2006). 수업이 바뀌면 학교가 바뀐다. 서울: 에듀니티.

손진희·이영수·최유진(2013). 청소년의 욕설사용에 대한 질적연구. 청소년 문화포럼, 33, 146~174.

오경희(2012). 유아들의 “우정”에 관한 사회적 및 공동체적 특성: 해석적 재생산론적 접근에서. 미래유아교육학회지, 19(4), 249~267.

이병혁(1986). 언어사회학 서설: 이데올로기와 언어. 서울: 까치.

이성식(2008). 청소년 사이버범죄 유형별 원인 및 통제요소에 관한 통합적 연구. 한국형사정책연구원 연구총서, 2008-3, 11~120.

조성남·이동원·박선웅(2003). 청소년의 하위문화와 정체성–또래집단, 가족, 학교를 중심으로. 서울: 집문당.

조윤오(2013). 성별에 따른 학교폭력 발생실태 및 유발요인 차이 분석. 청소년복지연구, 15(1), 155~179.

황희숙·김민예숙·김혜숙·신옥희·이순성·이정원·이주향·이상화·허라금·허란주·김혜련·윤혜린·이숙인·서정신(1999). 여성과 철학. 서울: 철학과현실사.

大瀨敏昭·佐藤學(編)(2000). 學校を創る. 小學館.

________________(2003). 學校を變える: 浜之鄕 小學校の5年間. 小學館.

佐藤學(1999). 教育改革をデザインする. 岩波書店(손우정 역). 교육개혁을 디자인한다. 서울: 공감.

_____(2000). 授業を変える學校が変わる−總合學習からカリキュラムの創造へ. 小学館.

Brookover, B. W.(1991). 사회문화와 교육(김병성 역). 서울: 문음사(원서 1991년 발행).

Bryk, A. S., Lee, V. E. & Holland, P. B.(1993). *Catholic Schools and the Common Good*. Cambridge. Mass: Harvard University Press.

Corsaro, W.(1997). *The sociology of childhood*. Thousand Oaks, California: Pine Forge Press.

Crafter, S. & Maunder, R.(2012). Understanding transitions using a sociocultural framework. *Educational & Child Psychology,* 28(1), 10~18.

참고문헌

Dewey, J.(1916). *Democracy and Education*. New York: Free Press.

Elliott, S. D., Hamburg, A. B. & Williams, R. K.(1998). *Violence in American schools: A new perspective*. Cambridgeshire: Cambridge University Press.

Handel, G., Cahill, S. & Elkin, F.(2007). Children and society: the sociology of children and childhood socialization. In James, A. & James, A.(Eds.). *Key Concepts in Childhood Studies*(pp. 183~204). Thousand Oaks, California: SAGE Publications Ltd.

Hargreaves, D.(1967). *Social relations in a secondary school*. London: Routledge and Kegan Paul.

Hawkins, J. D., Catalano, R. F., Jones, G. & Fine, D.(1987). Delinquency prevention through parent training: Results and issues from work in progress. In Wilson, J. Q. & Loury, G. C.(Eds.). *From children to citizens: Families, schools, and delinquency prevention* (Vol. 3; pp. 186~204). New York: Springer-Verlag.

Hawkins, J., Farrington, D. P. & Catalano, R. F.(1998). Reducing violence through the schools. In Elliott. S. D., Hamburg, A. B. & Williams, R. K.(Eds.). *Violence in American Schools: A new perspective*(pp. 188~216). Cambridgeshire: Cambridge University Press.

Katz, J.(1988). *Seducations of crime: Moral and sensual attractions in doing evil*. New York: Basic Books.

Kline, S.(1993). *Out of the garden: toys, TV and children's culture in the age of marketing*. Toronto: Garamond Press.

Maffesoli, M. & Lefebvre, H.(2002). *Sociology of everyday life*(박재환 외 역). 일상생활의 사회학. 서울: 한울출판사(원서 1994년 발행).

Maguin, E. & Loeber, R.(1996). Academic performance and delinquency. In Tonry, M.(Ed.). *Crime and justice: A review of research*(Vol. 20; pp. 145~264). Chicago: University of Chicago Press.

Olweus, D.(Ed.)(1993). *Bullying at school: what we know and what we can do*. Cambridge, MA: Blackwell Publishing.

Pellegrini, A. D. & Long, J. D.(2004). A longitudinal study of bullying, dominance, and victimization during the transition from primary school through secondary school. *British journal of Developmental Psychology*, 20, 259~280.

Ponty(1945). *Phénoménologie de la perception*(류의근 역). 지각의 현상학. 서울: 문학과지성사(원서 2002년 발행).

Rizzo, T.(1989). *Friendship development among children in school*. Norwood, Nj: Ablex.

Shields, M. C.(2002). Learning from Educators: Insights into Building Communities of Difference. In Furman, G.(Ed.). School As *Communuity: from promise to practice*. Albany: New York University Press.

Smith, P. K. & Hogan, T.(1980). Effects of deprivation of exercise play in nursery school children. *Animal Behavior*, 28, 922~928.

Thorne, B.(1993). *Gender play: Girls and boys in school*. New Jersey: Rutgers University Press.

Turkle, S.(2003). *Life on the screen : identity in the age of the internet*(최유식 역). 스크린 위의 삶. 서울: 민음사(원서 1997년 발행).

Williford, A. P., Brisson, D., Bender, K. A., Jenson, J. M. & Forrest-Banke, S.(2011). Patterns of aggressive behavor and peer victimization from childhood to early adolescence: a latent class analysis. *J Youth Adolescence,* Jun;40(6), 644~655. doi: 10.1007/s10964-010-9583-9.

Wolfgang, M. & Ferracuti, F.(1982). *The subculture of violence: Toward an integrated theory in criminology*(2nd ed.). Beverly Hills. CA: Sage.

Naver 국어사전. http://dic.naver.com

저자소개

오경희

부산대학교 대학원 교육학과에서 교육사회학으로 박사학위를 취득하고, 현 부산교육대학교와 부경대학교 강사로 출강하고 있다.

〈주요 관심 분야〉

학교폭력, 학교공동체 및 공동체교육, 유아교육사회학, 다문화교육, 학부모문화 및 또래문화, 상상력교육 등이며, 이와 관련된 다수의 논문이 있다. 특히 학교폭력에 관심이 많으며, 이와 관련된 주제들을 다양한 시각에서 접근하여 실질적인 해결 방안을 찾는 데 관심을 기울이고 있다.

〈논문〉

"'배움', '돌봄', 그리고 진정한 '만남'의 유아교육공동체 형성"(2007), "가정에서의 자녀교육 지원활동을 통해 본 학부모의 인식과 대응방식: 부산지역을 중심으로"(2008), "학교폭력 예방을 위한 유아기 인성교육에 관한 탐색: '돌봄'의 특성을 중심으로"(2013), "초등학교에서의 공동체적 수업실천과 공동체의식이 학교폭력 자제행동에 미치는 영향"(2013), "상상력과 미메시스의 창조적 특성에 근거한 유아 상상력의 재개념화에 관한 탐색"(2013), "교사의 공동체적 수업과 학생의 돌봄적 수업태도가 학교폭력에 미치는 영향: 초등학교 6학년을 중심으로"(2015), "학교폭력 출현에 관한 포스트모던적 담론: 취학 전·후 자녀를 둔 엄마들의 인식을 중심으로"(2018) 등 다수의 논문과 "젠더 플레이: 학교에서의 소녀들과 소년들"(2014) 번역서 등이 있다.

'노는 아이들'의 놀이와 문화

초판 1쇄 인쇄 / 2019년 6월 25일
초판 1쇄 발행 / 2019년 6월 30일

•

저 자 / 오 경 희
발행인 / 이 중 수
발행처 / **동 문 사**

•

서울특별시 서대문구 홍제원 1길 12
(홍제동 137-8)
Tel : 02)736-3718(대), 736-3710, 3720
Fax : 02)736-3719
등록번호 : 1974.04.27. 제9-17호
가격 : 15,000원

•

ISBN : 979-11-6328-097-2 (93370)
E-mail : dong736@naver.com
Homepage : www.dongmunsa.com